SUR

EUSTACHE DES CHAMPS

Thèse présentée à la Faculté des Lettres de Paris

PAR

A. SARRADIN,

Ancien Elève de l'Ecole Normale supérieare,
Professeur au Lycée de Versailles.

VERSAILLES
CERF ET FILS, IMPRIMEURS-ÉDITEURS
59, RUE DUPLESSIS, 59
—
1878

ÉTUDE

SUR

EUSTACHE DES CHAMPS

ÉTUDE

SUR

EUSTACHE DES CHAMPS

Thèse présentée à la Faculté des Lettres de Paris

PAR

A. SARRADIN,

Ancien Élève de l'Ecole Normale supérieure,
Professeur au Lycée de Versailles.

<hr>

VERSAILLES

CERF ET FILS, IMPRIMEURS-ÉDITEURS

59, RUE DUPLESSIS, 59

1878

A MON PÈRE, A MA MÈRE

INTRODUCTION

Le mot d'Horace sur Lucilius peut s'appliquer avec beaucoup de vérité à Eustache des Champs ; la vie du vieux poète du XIVe siècle s'étale dans ses œuvres comme en un tableau :

> veluti descripta tabella
> Vita senis.

On l'y retrouve tout entier, avec son caractère, son tour d'esprit, ses goûts, ses habitudes, ses sympathies et ses haines, ses émotions et ses colères, ses défauts et ses qualités, enfin, avec les traits particuliers qu'il tient de la nature ou du milieu dans lequel il a vécu.

Sa destinée a été, en plus d'un point, singulière. Après avoir passé de longues années à la cour des rois Charles V et Charles VI, après avoir joui, comme poète, d'une certaine célébrité, il disparaît, et ses dernières années s'écoulent dans une retraite si profonde et si complète que personne, parmi ses contemporains, ne s'est préoccupé de nous faire connaître même la date de sa mort. Le copiste chargé de transcrire deux de ses poèmes restés inachevés, s'est contenté, à deux reprises, de cette laconique et insuffisante mention : « De la matière de cest livre ne traicta l'acteur (auteur) plus avant, pour maladie qui lui survint, de laquelle il mourut. Dieu lui pardoint à l'ame ! Amen. »

Il avait préparé, de son vivant, le recueil de ses œuvres, et peut-être fait commencer, sous ses yeux, la transcription des quatre-vingt mille vers qui le composent. Il espérait, sans doute, dans les « librairies « des princes et des rois, une place à côté des Philippe de Vitry, des Guillaume de Machaut, dont il avait été l'émule ou le disciple. Cette espérance a été déçue. Au lendemain même de sa mort, son nom semble ignoré. Christine de Pisan, Alain Chartier, Froissart, Machaut, d'autres encore, moins connus, figurent au catalogue poétique dressé, en 1440, par Martin Franc dans son

Champion des Dames [1] : celui d'Eustache des
Champs n'est pas même prononcé.

Même oubli de la part des siècles qui suivent ; c'est à peine si quelques érudits, comme
Legrand d'Aussy, surtout ce profond et curieux chercheur de nos antiquités, Lacurne de
Sainte-Palaye, s'aventurent à consulter le
vieux poète pour lui demander des renseignements sur les habitudes, les mœurs, les costumes de son temps ; le manuscrit original dort
dans la poudre de la Bibliothèque royale, jusqu'au jour où Sainte-Palaye en fait prendre la
copie complète et fidèle qui, de la bibliothèque
du marquis de Paulmy, a passé dans celle de
l'Arsenal.

Enfin, la publication de M. Crapelet (1832)
vint permettre aux lettrés de replacer Eustache

[1] Voici le passage :

> Aux estrangiers povous la feste
> Faire de la vaillant Christine (de Pisan)....
> Froissart savoit bien le practique
> De bien dictier....
> La mort Machaut, grant rhétorique,
> Les facteurs amoureux lamentent.
> Les autres d'Alain se démentent (*sont fous de*)..
> Car il a le mieux baladé.
> Autres pour Castel (*fils de Ch. de Pisan*). se démentent,
> Pour Nesson et pour Mercadé....

pas un mot de des Champs.

des Champs à son rang dans notre histoire littéraire. A ces extraits, qui forment une sorte d'anthologie du poète, M. Tarbé ajouta (1849) un choix nouveau, destiné à éclairer d'une plus vive lumière la physionomie de l'homme et de l'écrivain. Quinze ans plus tard (1864), de longs et curieux extraits empruntés, par le même éditeur, à la dernière et à la plus étendue des compositions poétiques de des Champs, le Miroir du Mariage, vinrent satisfaire au goût de notre siècle pour les informations complètes.

Des Champs n'est plus pour nous un inconnu : d'éminents écrivains[1] nous ont montré en lui l'un des plus dignes représentants de la bourgeoisie au XIV° siècle ; ils ont rendu hommage à sa clairvoyance, à son patriotisme ; ils ont loué son bon sens aiguisé, sa verve railleuse, son vif sentiment des dangers que font courir à la France des guerres folles, des courtisans avides, des princes ambitieux et sans scrupule.

Je voudrais à mon tour consacrer à Eustache des Champs, considéré comme peintre de

---

[1] V. sur DES CHAMPS quelques pages de GÉRUZEZ (*H. de la Litt. Fr.* L. II, Ch. II), et surtout le portrait si vivant et si vrai que M. LENIENT a tracé de lui dans son livre sur *la Satire au Moyen Age* (Ch. XV).

son temps, une étude de quelque étendue ; je
voudrais le suivre aux divers moments de sa
carrière, le replacer dans son milieu naturel,
enfin apprécier en lui la valeur de l'homme et
de l'écrivain. Même après les publications de
MM. Crapelet et Tarbé, il reste quelque chose
à prendre dans l'immense collection de ses
œuvres poétiques :

erat quod tollere velles.

ÉTUDE

EUSTACHE DES CHAMPS

CHAPITRE PREMIER

ÉTAT DE LA POÉSIE EN FRANCE VERS LE MILIEU
DU XIV⁰ SIÈCLE.

Au commencement du XIV⁰ siècle, les plus
hautes sources de l'inspiration poétique au
moyen age semblent définitivement taries. La
grande épopée guerrière et religieuse, la
Chanson de Geste, est depuis longtemps déchue. Ces batailles formidables où se heur-
taient des personnages plus qu'humains, ces
luttes violentes où se déployaient la généro-
sité farouche et l'indomptable orgueil des

barons féodaux, ne sont plus ni goûtées, ni comprises. A l'enthousiasme chrétien qui, du xie au xiie siècle, avait fait de Charlemagne et de ses preux les héros de la guerre sainte, ont succédé l'indifférence, l'incrédulité railleuse. Les noms des Roland, des Olivier, des Renaud, des Nayme de Bavière, ces glorieux champions du Christ contre les infidèles du nord et du midi, ne disent plus rien à l'imagination sceptique des contemporains de Philippe-le-Bel; et la noblesse elle-même, qui soutient avec une infériorité plus marquée chaque jour la lutte contre les empiètements de la puissance royale, ne reconnaît pas son image dans les hautaines figures des Raoul de Cambrai, des Garin le Loherain, des Hugues de Belin, ces puissants vassaux, en guerre les uns avec les autres ou en révolte contre l'autorité royale.

Depuis deux siècles, la société féodale s'était ouverte au luxe, aux fêtes, aux habitudes d'une vie plus douce et plus oisive. Une cour de damoiseaux, de pages, d'écuyers, était devenue nécessaire aux nobles dames qui ne se confinaient plus dans le morne isolement des châteaux. Le roman d'aventure, si inventif et si disert, avait reflété l'élégance et le précoce raffinement de ces mœurs nouvelles. Ce n'est

plus pour sa foi ou sa patrie que le héros, Par-
ténopeus de Blois ou le Chevalier au Lion, subit l'épreuve imposée à sa constance. L'amour
est désormais l'unique but de sa vie, le seul
mobile de son activité. C'est l'amour, avec ses
tendres faiblesses, ses erreurs les moins excu-
sables, ses trahisons et ses caprices, qui règne
en maître dans les romans de la Table Ronde;
il s'insinue dans la légende antique; il tempère
et bientôt il corrompt la mâle rudesse du cycle
carolingien. La fiction ne doit-elle pas offrir
aux dames l'image idéale de leur empire sur
les cœurs? Mais ces piquants tableaux de
mœurs, ces fines et spirituelles variations sur
un thème unique, ne pouvaient plaire qu'à un
cercle choisi d'auditeurs ou de lecteurs. Les
Chrestien de Troyes, les Benoist de Sainte-
More, les Adam le Roi, dédiaient aux reines et
aux princesses leurs élégantes compositions;
mais les noms de ces poètes aimés des cours ne
parvenaient pas jusqu'aux oreilles de la foule.
D'autres œuvres étaient en possession de la
faveur publique.

Vers la fin du XIII° siècle, les causes de dis-
solution et de ruine qui, depuis deux cents
ans, minaient sourdement le monde féodal,
sont bien près d'avoir produit tous leurs effets.

Pendant que les comtes et les barons s'épuisaient en stériles efforts pour conquérir la terre
sainte, les vilains commençaient à redresser
la tête devant ces maîtres sur lesquels ils n'osaient pas naguère jeter les yeux. On s'éloigne
peu à peu du donjon féodal ; des villes nouvelles se bâtissent : l'industrie s'étend et prospère ; les corps de métiers reçoivent des statuts
qui protégent et assurent la liberté du travail ;
la commune s'émancipe, et quand le seigneur,
évêque ou baron, prétend exercer encore l'ancien despotisme, elle montre sa charte et au
besoin arme sa milice. Il se forme une classe
moyenne que l'intelligence, le travail, l'esprit
d'ordre et d'épargne, ont mise en possession
d'une force nouvelle, l'argent. Ses richesses,
dont la source est presque inépuisable, lui permettent de supporter, sans en être écrasé, le
fardeau croissant des tailles et des subsides.
Elle a conscience des progrès accomplis et du
chemin qui lui reste à parcourir pour atteindre
le but. L'esprit de conduite, la patience, la
circonspection, la ténacité, vertus des faibles,
sont les moyens par lesquels elle espère avoir
raison des résistances brutales et des efforts
mal combinés de ses puissants adversaires. La
bourgeoisie goûte médiocrement les épopées

chevaleresques, les romans d'amour où elle ne figure pas; dès les premières années du XIII° siècle, elle a trouvé le héros de son choix; c'est Renart, ce personnage venu on ne sait d'où, rusé et dangereux compère qui, spéculant sur les vices des uns, sur la sottise des autres, s'aventure dans les entreprises les plus scabreuses, se tire à force d'esprit et de sang-froid de situations désespérées, et finit par ceindre la couronne[1] dans ce repaire de Maupertuis, d'où il est sorti un siècle plus tôt pauvre, famélique et misérable. Ce personnage ne brille pas par une scrupuleuse moralité; mais qu'importe, si la victoire lui reste? et d'ailleurs, ses ennemis valent-ils mieux que lui, et ses victimes méritent-elles la pitié? L'histoire de Renart se grossit, chemin faisant, de tous les exploits, de tous les triomphes que l'imagination d'écrivains anonymes invente et rêve pour lui. Chacun ajoute un trait à cette physionomie déjà si expressive. Voilà le cycle inépuisable; voilà l'épopée dont les rameaux touffus s'étendent à travers le XIII° siècle.

Le roman de Renart n'est pas le seul témoignage de cet esprit bourgeois, gouailleur et sar-

---

[1] *Renart le Novel.*

castique. La ville a sa chronique journalière, passablement scandaleuse, ses joyeux devis où l'on daube sur le prochain, prêtre, moine, chevalier, où les femmes de qualité ne sont pas mieux traitées que les bourgeoises ; l'anecdote méchante se débite sur le comptoir avec le drap ou la toile et circule de porte en porte, jusqu'au moment où elle est recueillie et fixée par quelque plume bien taillée. Ainsi habillé de malice et d'esprit, le pied leste et la mine égrillarde, le fabliau court le monde, jetant le sel à pleines mains. Chacun de ces contes malicieux devient célèbre ; il a son titre et sa marque ; on le demande au ménestrel ambulant, au jongleur qui passe, sa vielle sur l'épaule.

Pendant que les sources de l'invention épique se tarissent, la satire prend un plus libre essor. Elle se fait partout sa place ; elle déborde dans les poèmes religieux et moraux ; elle envahit jusqu'au roman d'aventures. Le moyen âge tourne de plus en plus à l'ironie amère et provocante. L'insuccès des croisades avait sensiblement amoindri le prestige des armées féodales ; et voici que les communes de Flandre ont défait à Courtrai les chevaliers bardés de fer. Cependant, les légistes royaux disputent

pied à pied à la noblesse ses anciennes préro-
gatives. L'autorité de l'Église n'est pas moins
ébranlée : la corruption s'est glissée dans les
rangs du clergé, à la faveur d'une longue et
tranquille possession des richesses et du pouvoir ; la simonie étale ses scandales et met à
l'encan abbayes et prélatures. Le roi de France
est le premier à donner l'exemple du mépris
des choses saintes : il a souffleté la papauté à
Rome ; il la déshonore à Avignon.

A ce moment, tout au début du XIVᵉ siècle,
apparaît une œuvre qui semble résumer en elle,
avec la science confuse du moyen âge, son esprit de dénigrement et d'amertume. C'est le *Roman de la Rose*, tel que l'a fait Jean de Meung.
Jamais la raillerie n'avait osé parler un langage si audacieux et si clair. Qu'étaient les
gronderies d'un Guyot de Provins à l'adresse
des gens d'église, ou les vives attaques d'un
Rutebeuf contre les ordres mendiants, en comparaison de ces invectives haineuses et cyni-
ques ? Tout ce que le moyen âge était habitué
à révérer ou à craindre, est profané, foulé
aux pieds. La femme n'est plus qu'un être artifi-
cieux et corrompu, dont la vertu cède toujours
à l'appât de l'or et des bijoux. Le mariage, la
propriété ne sont point conformes à la loi de

nature, et l'âge d'or ne connaissait pas ces entraves. L'amour de Dieu n'est qu'un masque hypocrite dont on couvre ses convoitises, et Faux-Semblant, en robe de cordelier, se charge d'apprendre au monde que, de tous les vœux monastiques, il n'en est pas de plus mensonger que le vœu de pauvreté et de renoncement. Pas une des institutions religieuses ou politiques du moyen âge ne trouve grâce devant cette critique impitoyable. Seule, la royauté reste debout, mais dépouillée de son auréole et de son caractère auguste : elle n'est plus qu'une fonction sociale ; elle n'a d'autre raison d'être que la nécessité d'assurer aux faibles un recours contre les forts, d'autre garantie de sa durée que la soumission volontaire et libre des sujets. Il fallait, en vérité, que Philippe-le-Bel, dont Jean de Meung secondait les vues, fût bien sûr de la docilité du tiers-état, pour laisser ce moine cordelier prêcher ouvertement la doctrine de la souveraineté populaire : de semblables théories contenaient en germe toutes les révolutions à venir.

On sait quel fut le retentissement du livre ; à peine connu, il est dans toutes les mains ; on le commente, on s'en pénètre ; l'admiration est universelle et sans bornes : succès inouï, qui

dure et se renouvelle durant plus de deux
siècles. L'œuvre de Jean de Meung est l'objet
d'apologies enthousiastes et d'ardentes réfuta-
tions; mais, exaltée ou combattue, elle laisse
sa marque sur toutes les productions littéraires
qui ont suivi. Personne ne songe à remarquer
le contraste choquant qui éclate entre les deux
parties de l'œuvre. Nul ne s'étonne de voir ce
poème, dont Guillaume de Lorris avait voulu
faire une hymne d'amour pur, aboutir, entre
les mains de son successeur, à une revendica-
tion brutale des droits de la chair. Ces abstractions réalisées, ces êtres de raison qui prennent une âme, un sexe, un visage, et qu'on peut
multiplier à l'infini, paraissent une mythologie
d'un nouveau genre et d'un effet incompara-
ble. Ceux-mêmes qui osent réfuter l'auteur
commencent par s'incliner devant son génie,
et ne peuvent se dispenser d'emprunter ses
procédés de style et son système d'allégories.

Le succès du Roman de la Rose consomma
la défaite de la chanson de Geste, à laquelle
le roman de Renart et le Fabliau livraient
déjà d'assez rudes assauts. Des poètes de bas
étage ne cessent, il est vrai, de remanier et de
rajeunir la vieille matière épique ; jongleurs et

ménestrels continuent à promener de ville en ville,

Pour gaaigner les bons morceauls,

les aventures de plus en plus fantastiques des paladins, chantées en longues « laisses » monorimes ; mais la vogue est à d'autres sujets. On cite bien, dans l'épopée sérieuse, un troisième et dernier remaniement de la mâle *Chanson d'Antioche ;* un souffle guerrier anime et soutient le récit du combat des Trente (1351), glorieux épisode de nos luttes contre l'Anglais ; même, en 1384, un trouvère attardé, le « povre homme Cuvelier », redira, avec un charme d'émotion et de vérité naïves les faits d'armes et les prouesses du connétable du Guesclin. Mais l'intérêt et la faveur se détournent de ces derniers élans de la poésie épique. La prose est la langue que l'histoire adopte définitivement avec Froissart ; elle devient même celle du roman ; et c'est sous cette forme nouvelle, plus dégagée, plus rapide et plus nette que se présente désormais au lecteur, dès la fin du XIVᵉ siècle, l'histoire de Lancelot du Lac, celle de Tristan et de la belle Iseult [1].

---

[1] La rédaction en prose des *Aventures de Tristan et d'Iseult*

Ni les émules, ni les imitateurs n'avaient
manqué à Jean de Meung : cette poésie dessé-
chante était la seule dont le moyen âge à son
déclin fût désormais capable. Le même esprit
frondeur et révolutionnaire a dicté Renart le
Contrefait (1319-1322), compilation indigeste,
où les allusions passionnées aux événements
contemporains, les déclamations, les diatribes
contre les abus, se mêlent à l'étalage pédantesque d'une érudition qui semble vouloir
épuiser tous les sujets et embrasser tous les
temps. Quant au Roman de Fauvel (1310-1314),
qui montre humblement prosternés, devant la
même idole d'ambition et d'orgueil mondain,
les puissants du jour, les hauts dignitaires de
l'Église, le pape, les moines et les Templiers,
on dirait un pamphlet rédigé par l'ordre de
Philippe-le-Bel, et destiné à flétrir, dans l'opinion publique, des adversaires auxquels il se
prépare à porter les derniers coups.

Mais la satire ne soutient pas longtemps ce
ton d'insolence et d'âpreté. On la voit se traîner
bientôt dans des controverses sans portée :
après la satire du Mathéolus contre les femmes,
on a l'apologie des femmes dans l'Anti-Ma-

---

avait été entreprise dès la fin du XII° siècle, sous le règne de
Henri II d'Angleterre, par un chevalier, Luce de Gast.

théolus de Jean Lefèvre. Le genre didactique conserve seul une extraordinaire et déplorable fécondité : traités de religion ou de morale, légendes pieuses, récits bibliques, miracles de la Vierge et des Saints, histoire[1] et mythologie, tout s'y rencontre. Il n'est pas une science ou un art qui ne s'expose en vers de huit syllabes, et sous la forme allégorique : ainsi Gasse de Buignes, premier chapelain de Jean-le-Bon, écrit pour le roi, prisonnier à Londres, un long poème sur la chasse. Guillaume de Guilleville, moine de Chaalis, voit s'accomplir en songe (v. 1330) les trois Pélerinages mystiques de la Vie Humaine, de de l'Ame et de Jésus-Christ[2]. Philippe de Vitry qui fut secrétaire du roi Jean, et qui mourut évêque de Meaux en 1361, s'avise à la même époque de « moraliser en rimes françoises » les *Métamorphoses* d'Ovide. Unissant la glose au récit, et l'exégèse biblique à la mythologie païenne, il découvre, en chacune des fables

---

[1] Par exemple le *Miroir Historial*, de JEAN DE VIGNAY. Le duc d'Orléans en avait fait copier et enluminer un exemplaire à son usage.

[2] Un manuscrit de ce livre fut acheté en 1398 par E. des Champs pour le compte du duc d'Orléans, dans la bibliothèque duquel il fut placé. (V. LEROUX DE LINCY, *Bibl. de l'Ec. des Chartes*, t. V, p. 65.)

contées par le poète latin, la figure de quelque
fait de l'histoire sacrée ou le symbole d'une
vérité chrétienne Son poème est comme une
chaîne sans fin de commentaires, de rapprochements historiques, de thèses de philosophie
et de morale. Le Déluge de Deucalion évoque
tout naturellement le souvenir de Noé; l'auteur épuise à ce propos la série des patriar-
ches, passe d'Abraham à Nemrod, et ne s'arrête qu'à Sémiramis. Voilà un exemple entre
mille. Le cadre des métamorphoses s'élargit à
l'infini. L'aventure de Daphné, emblème de la
pudeur, et figure de la Vierge Marie, amène
l'éloge de celle-ci, le récit de sa victoire sur le
serpent, et, par suite, le panégyrique de la
vertu en lutte avec le vice. Mercure symbolisant l'éloquence des prédicateurs, l'auteur ne
manque pas l'occasion de lancer une satire à
l'adresse des mauvais docteurs. Ce symbo-
lisme religieux et moral se poursuit avec un
acharnement sans égal pendant plus de soixante-
dix mille vers.

La poésie ainsi entendue n'a plus rien de
commun avec la nature ; elle est devenue un
passe-temps de lettré, un art de luxe : elle fait
alliance intime avec l'enluminure, portée alors
à sa dernière perfection. Les princes de la

maison de Valois, Jean-le-Bon et ses fils, Charles V et le duc de Berry surtout, grands amateurs de livres, font enrichir les leurs des plus délicates miniatures. L'imagier, le peintre, est désormais l'indispensable associé de l'écrivain.

Cependant, l'allégorie, appliquée d'abord par Guillaume de Lorris à la poésie galante, et détournée par Jean de Meung vers la satire, revint à son premier objet. Une école de beaux esprits, clercs lettrés, hommes de cour, s'est fondée ; leurs compositions sont destinées aux connaisseurs, aux amateurs de fine poésie, aux Puits d'Amour, aux Chambres de Rhétorique qui se multiplient vers cette époque ; ils écrivent pour faire montre de leur esprit et gagner les bonnes grâces des dames. Le talent poétique semble la marque suprême du bon ton et l'achèvement du parfait amour. On se plait à ressasser en vers de « toutes tailles » les subtilités quintessenciées de G. de Lorris ; on ne se lasse pas de substituer de vains fantômes à la réalité vivante des passions et des sentiments ; tout l'effort se concentre sur la versification, dont on a fait une sorte de jeu laborieux et compliqué.

Le chef de cette école des poètes de cour,

vers le milieu du siècle, est le Champenois
Guillaume de Machaut, qui fut, pendant trente
ans, attaché comme secrétaire à la personne du
roi Jean de Bohême, et qui devint plus tard
chanoine de la cathédrale de Reims. Celui
qu'on appela le « grant rhétorique de nouvelle
fourme » n'était pas un lettré vulgaire. Versificateur habile, musicien renommé, nul ne savait mieux que lui noter un « lai » d'amour,
disposer les parties d'une messe[1], écrire un
« motet »; et l'on devine, à la coupe heureuse
de ses strophes, à la variété des rhythmes qu'il
emploie, une oreille exercée. Mais la pensée
occupe chez lui trop peu de place : tout est sa-
crifié à l'ajustement. Pourvu que la forme
plaise, peu importe le fond. On dirait même
qu'il a considéré la poésie comme une espèce
de travestissement perpétuel des sentiments du
poète. Un jour, l'Amour lui apparaît, escorté
de six nobles Damoiseaux et de six gracieuses
Damoiselles. Celles-ci, qui s'appellent Grâce,
Pitié, Espérance, Souvenir, Franchise, Attrem-
pance (modération) se font ses conseillères.
Ceux-là, Vouloir, Doux-Penser, Doux-Plaisir,
Loyauté, Céler (discrétion) lui servent de guides

---

[1] Il fut chargé par Charles V de composer la messe chantée
à son sacre.

auprès de la beauté. Six redoutables adversaires se préparent à lui disputer la route : ce
sont Dangier, Peur, Honte, Dureté, Cruauté,
Doutance de Méprendre. Mais l'Amour le ré-
conforte et l'invite à suivre sa destinée, qui est
de chanter les dames et de souffrir pour leur
service. Comme il résiste encore, Nature intervient à son tour. N'a-t-elle pas mis à sa dis-
position trois talents qui sont d'un prix inesti-
mable, le sens (esprit), la musique, la rhétorique (poésie) surtout et son charme magique ?

> Rhétorique versifier
> Fait l'Amaut, et métrifier,
> Et si fait faire jolis vers,
> Nouviaux et de mètres divers :
> L'un est de rime serpentine,
> L'autre équivoque ou léonine,
> L'autre croisée ou rétrograde,
> Lai, chanson, rondel ou balade,
> Aucune fois rime sonant (*suffisante*),
> Et, quant il lui plaît, consonant (*riche*)....[1]

Machaut se met à l'œuvre, se fait docteur en
« amoureux pensement. » Sa vocation est
trouvée ; il enseignera aux jeunes courtisans
l'art de rimer galamment pour les dames rondeaux, chansons et ballades. Ils prendront
garde surtout de parler comme font les « gens

---

[1] Prologue du *Dit du Verger*.

» de la campagne, mangeurs de fèves et de
» choux, nourris de lait et de fromage. »

> Là disoit Robin à Marote :
> « Par le cuer bleu, je t'aime, sote,
> Et si (*cependant*) n'y sai raison pour quoi ;
> Mais mes cuers ne m'a laissié coi
> Pour t' (*à cause de ton*) amour, au soir et au main. »
> Adont la prenoit par la main,
> Et faisoit une reverdie
> Devant toute la compaignie,
> Au flaiol (*flageolet*), et au taburel (*tambourin*),
> A tout (*avec*) son surcot de burel... [1]

Ces façons grossières conviennent à de pauvres diables qui n'ont pas de temps à perdre
en longs discours. A ce langage uni, à cette
simplicité rustique, Machaut préfère le ton du
bel air et le style fleuri du jour. Pour mériter
d'aborder à « l'île des fines Amours », il faut se
montrer empressé, courtois, mais humble et
« peu emparlé » auprès des dames ; on com-
promet sa cause en laissant échapper un mot
d'amour[2]. On s'efforce même de leur donner

[1] Le *Dit du Lion*.

[2] Ainsi faisait le jeune page Boucicaut, futur maréchal de
France : « Là chantoit chansons et rondeaux dont lui-même
avait faict le dict, et les disoit gracieusement pour donner secrè-
tement et couvertement à entendre à sa dame, en se complai-
gnant en ses rondeaux et chansons, comment l'amour d'elle le
destraignoit. Mais il ne fut mie tost hardi de sa pensée pleinement dire, comme font les lobeurs du temps présent, qui, sans
desserte, vont baudement aux dames requérir qu'ils soient
amés, et de faintises et faulx-semblants, pour elles decevoir,
bien se savent aider. » (Le *Livre des Faits* de BOUCICAUT, I,
Ch. IX).

le change, et cependant on ne néglige rien
pour mériter d'être aimé, lointaines « empri-
ses », voyages au-delà des mers, campagnes en
Islande, en Chypre, en Palestine ; on revient précédé de sa gloire, et l'on est payé de ses fatigues
par un sourire et le droit de porter les couleurs d'une noble dame. Tels sont les préceptes
de cette poétique amoureuse dont les poètes de
la fin du siècle, depuis Froissart [1] jusqu'aux
auteurs du *Livre des Cent Ballades*, nous donnent la menue monnaie. Nous la trouvons ici
avec ses grâces apprêtées, ses mignardises,
l'étonnante puérilité de ses conceptions. C'est
dans Machaut qu'elle commence à élaborer ces
savants acrostiches qui suspendent, à chaque
ligne de la stance finale ou de l'envoi, les lettres d'un nom adoré, ou que, plus ingénieuse
encore, elle s'exerce à dérober ce nom mysté-
rieux sous les plis d'une indéchiffrable énigme.

C'est une histoire bien curieuse que celle du
plus célèbre de ses poèmes « le Voir Dict ».
Une jeune fille de noble naissance « entre

---

[1] V. les *Poésies de* FROISSART, « dictiées et ordenées à l'aide
de Dieu et d'Amours, depuis l'an de grâce 1362 jusqu'à l'an de
grâce 1394. » (*Bibl. Nat.*, *Mss. Franc. n° 830*). — Le *Livre des
Cent Balades* a été publié en 1868, par M. le marquis de QUEUX
DE SAINT-HILAIRE.

quinze et vingt ans d'aage, » s'éprend un jour
d'une vive passion pour Machaut qu'elle n'a
jamais vu, qu'elle ne connaît que par sa gloire.
Il lui prend fantaisie d'être la Laure de ce nouveau Pétrarque. Machaut hésite ; il se défie de
lui-même ; car il est vieux, tourmenté de la
goutte, privé de l'usage d'un œil. Mais comment repousser un hommage où la tendresse
le dispute à l'admiration ? Une correspondance
s'établit : ce galant commerce doit rester secret entre la dame inconnue et son adorateur.
Après les mutuelles protestations d'amour et
les serments d'éternelle fidélité, viennent les
entrevues, les promenades, les gages d'amour
échangés en tout bien tout honneur : l'amant
ne va pas au rendez-vous sans être escorté de
son secrétaire, et, dans les moments du plus
tendre abandon, il y a toujours une bachelette
entre sa dame et lui. Les difficultés vaincues,
les précautions dont il faut user pour dérober
la vérité à tous les yeux, sont l'assaisonne-
ment de ces relations singulières, dont le Voir
Dict est le compte rendu fidèle et journalier.
Le dénouement de cet amour de tête fut ce
qu'il devait être : la noble demoiselle se marie ;
Machaut n'en paraît ni trop surpris, ni trop
affecté ; il se borne à réclamer une place dans

le souvenir et dans le cœur de celle qu'il appelait son amie ;

> Et si devez (lui écrivait-il), . . .
> 　　　　. . . aimer, j'en suis tout fis (*je vous l'affirme*),
> Vo (*votre*) mari com vo maris
> Et vostre ami com vostre dous amis...

A la bonne heure ! mais il y a dans l'origine
même et dans toute la suite de cette aventure
galante, quelque chose d'artificiel et de faux
qui glace toute poésie.

C'est dans l'édition de la Société des Biblio-
philes (Paris 1875) qu'il faut lire désormais le
chef-d'œuvre de Machaut. On y voit par quel
miracle de sagacité ingénieuse M. Paulin Pâris
est parvenu à déterminer le nom et la qualité
de la dame[1] en l'honneur de laquelle fut composé le Voir Dict. Le savant éditeur plaide,
avec une spirituelle indulgence les circonstances atténuantes en faveur de ce curieux échan-
tillon des mœurs galantes au xivᵉ siècle. Machaut se trouve pleinement lavé du ridicule
d'avoir été la dupe d'une jeune princesse qui
se serait amusée de sa crédulité. Mais M. P.

---

[1] Péronnelle d'Armentières, et non Agnès d'Evreux, sœur
de Charles le Mauvais, comme l'avait avancé Caylus (*Mém.
de l'Ac. des Inscr.*, t. XX), suivi par M. Tarbé (*Œuvres
choisies de G. de Machaut*, Reims, 1849, un vol. in-8).

Pâris, en rajeunissant le poème d'une quin-
zaine d'années (1363 au lieu de 1348), vieillit
d'autant l'auteur et aggrave ainsi le plus grand
de ses torts, qui est d'avoir, à bien plus de cinquante ans, (il en avait peut-être soixante,)
soupiré des vers d'amour, et prêté les mains à
un badinage peu digne d'un homme de son
âge et de son état.

Machaut a fait entrer dans ses poèmes une
partie de l'histoire de son temps ; mais la vigueur, la précision, le sentiment de la réalité
lui manquent. Le « Jugement du roi de Navarre » (1349) retrace en vers d'une étrange
faiblesse les scènes les plus terribles, la révolte des Jacques, les massacres de Juifs, les
folies des Flagellants sous Jean le Bon, les ra-
vages de la peste noire en 1347.

> Et quant nature vit ce fait (*la Jacquerie*),
> Que son œuvre ainsi se défait,
> Et que les hommes se tuoient,
> Et les eauës (*eaux*) empoisonnoient,
> Lors s'en ala sans atargier (*tarder*)
> A Jupiter, et fit forgier
> Foudres, tonnerres et tempestes
> Par jours ouvrables et par festes... etc. :

ainsi commence la description de la peste
noire ; le sujet se passait aisément de cette
mythologie.

Le « Confort d'ami » est un long poème dé-
dié au roi de Navarre. Charles le Mauvais,
coupable, entre autres méfaits, de l'assassinat
d'un connétable de France, avait été enfermé,
par l'ordre du roi Jean, dans la forteresse
d'Arleux en Cambrésis (1347). Le poète pressent tout ce qui s'amasse de haine dans l'âme
vindicative du prisonnier ; il veut fléchir et dé-
sarmer sa colère. L'idée est digne d'éloge ;
mais quelle faiblesse dans l'exécution ! L'histoire de David, délayée en quinze cents vers,
sert à prouver l'efficacité de la patience et la
nécessité de la confiance en Dieu. Après ce
pieux exorde, l'auteur passe au récit des hauts
faits du roi Jean de Bohême, beau-père de
Charles de Navarre ; il retrace cette existence
vouée au culte de l'honneur et couronnée par
une mort héroïque à Crécy : exemple touchant
et bien choisi, si l'émotion du poète parvenait
à se faire jour au milieu de l'incohérente diffu-
sion des souvenirs personnels. Puis vient une
série de remontrances et d'exhortations qui se
succèdent sans lien logique, et se rapportent
aux devoirs du prince soit dans la paix, soit
dans la guerre : il maintiendra, parmi les gens
de sa maison, l'ordre et la décence ; il pros-
crira les costumes bizarres et les modes excen-

triques, il imposera à ses hommes d'armes le respect des femmes. Alors éclate brusquement un conseil de modération, exprimé en un langage dont la singularité même ruine l'autorité. Il faut savoir, dit le poète, borner ses vengeances :

> Car, qui se veut de tous vengier,
> Son pain ne peut en paix mangier.

Le dernier fruit de la vieillesse de Machaut fut un poème en douze mille vers sur « la Prise d'Alexandrie » (1370). Ce n'est pas même une chronique exacte de la campagne entreprise en 1365 par Pierre de Lusignan, roi de Chypre, contre les Sarrasins. C'est une suite d'interminables discours mis dans la bouche des principaux acteurs de l'expédition. Quelques faits saisissables se dégagent à peine de ce déluge de vers octosyllabiques.

Je me suis étendu sur le compte de Guillaume de Machaut, parce que, mort en 1377, il donne le ton aux versificateurs de l'époque. Il fait école ; il jouit d'une autorité incontestée ; il entre fort avant dans l'estime des princes et des grands. Ses poèmes, notamment le Voir Dict, sont dans toutes les mains, et nous voyons des Champs lui-même, au nom de

son maître Machaut , en offrir solennelle-
ment un exemplaire au comte de Flandres [1].
Un siècle après, Machaut comptait encore des
admirateurs fervents, et l'un des derniers sur-
vivants de la chevalerie, le roi René, professait
pour sa mémoire un·véritable culte.

Quant à la poésie, elle a cessé d'être une
forme supérieure du langage humain, destinée
à entretenir dans les âmes les nobles pensées,
les sentiments généreux, à perpétuer la tradition vivante des grands événements et des
grands hommes : ce n'est plus qu'un emploi
industrieux de recettes toutes faites ; c'est l'art
de produire, à l'aide de certaines combinaisons de sons et de « paroules métrifiées », une
musique naturelle. Mais on a beau varier les
tours et perfectionner le mécanisme du vers,
l'émotion, la sincérité, l'inspiration ont disparu.

Le moyen age, on le sent, touche à une période critique de sa vie intellectuelle ; le fonds
d'idées sur lequel il a vécu est désormais
épuisé. Quelques esprits commencent à chercher d'autres voies, pendant que le plus grand
nombre se traînent encore dans les sentiers

---

[1] Tarb., I, p. 32.

battus. L'antiquité, depuis longtemps désapprise ou méconnue, redevient le but d'un mouvement d'études et de recherches auxquelles le roi Charles V donne personnellement une impulsion très-active. Mais tandis qu'en Italie, vers la même époque, des écrivains comme Pétrarque et Boccace, retrouvant quelques-unes des grandes œuvres de la littérature latine, semblent rentrer en possession d'un héritage de famille, en France le retour vers les études classiques est bien autrement incertain et pénible. On aborde l'antiquité au hasard et confusément ; on se flatte de la comprendre, quand on commence à peine à soulever un coin du voile qui la dérobe. De là, dans ce premier travail d'assimilation, plus de bon vouloir que de succès réel, plus d'étalage pédantesque que de solide érudition. D'ailleurs, ce mouvement d'idées s'est produit en dehors des écoles et n'a pas forcé l'enceinte des Universités, où continuent de régner les méthodes surannées de l'enseignement scolastique.

CHAPITRE II.

L'ÉDUCATION LITTÉRAIRE AU XIVe SIÈCLE.

Quand on parcourt les œuvres des huma-
nistes les plus distingués du XIIe siècle, les
Jean de Salisbury, les Pierre de Blois, les
Alexandre Neckam, on est frappé de l'érudition choisie, des vastes lectures dont on rencontre partout chez eux le témoignage. On voit
à quel point l'antiquité classique leur est
familière; ils aiment, ils admirent les chefs-
d'œuvre de Rome; ils citent à chaque instant
Horace, Juvénal, Cicéron, Sénèque. Ces hommes qui, après avoir été les plus brillants
élèves des écoles d'Angleterre et de France,
sont devenus eux-mêmes des maîtres éminents,
nous montrent quelle place d'honneur les
lettres latines occupaient alors dans les collé-
ges ou dans les chaires publiques. Les textes

des principaux écrivains, historiens, moralis-
tes, poètes surtout, étaient l'objet de lectures,
d'explications approfondies, de commentaires
de toutes sortes. Nul n'était admis à suivre les
cours de Théologie ou de Droit, qu'il n'eût
donné la preuve d'une instruction littéraire
suffisante. Souvent même, après avoir parcou-
ru le cercle entier du « trivium » et du « qua-
drivium », on revenait, par l'effet d'une pré-
dilection particulière, aux études qui en étaient
le premier degré. Jean de Salisbury nous
apprend qu'à peine arrivé à Paris, déjà muni
d'une instruction littéraire et scientifique assez
complète, il partage son temps entre l'étude de
la Rhétorique à l'école de Pierre Hélie, de la
Dialectique, où il a pour premier maître Abélard, de la Théologie, sous les maîtres les plus
renommés de l'époque, Gilbert de la Porrée,
Robert la Poulle, Simon de Poissy. Puis il se
remet de nouveau, avec Guillaume de Conches,
à la Grammaire, c'est-à-dire à la lecture approfondie des textes anciens. Il y consacre trois
années, qu'il compte parmi les meilleures et
les plus fructueuses de sa vie[1]. Poètes, ora-

---

[1] *Metalogicus*. l. I, C. XXIV. Cf. BULÆUS, *Hist. Univ.*
Paris, t. II, p. 750.

teurs, philosophes, savants, il a tout lu [1] : on ne saurait, dit-il, gagner à moins le titre de lettré. Ce titre lui appartient de droit : il le mérite par l'étendue et la sûreté de ses connaissances.

Même activité d'esprit, même curiosité intelligente chez son élève et son ami Pierre de Blois. Celui-ci se félicite d'avoir lu, outre les auteurs étudiés dans les classes, Trogue-Pompée, Josèphe, Suétone, Quinte-Curce, Tacite et Tite-Live. L'histoire ne lui semble pas moins utile que la poésie à la culture intellectuelle et morale [2]. Ces deux hommes distingués rendent justice à la Logique, qui fournit à l'esprit humain ses méthodes d'investigation scientifique ; ils apprécient la Dialectique comme instrument de démonstration, comme auxiliaire indispensable de la vérité aux prises avec l'erreur et le sophisme : mais ils réclament pour les jeunes esprits une nourriture plus abondante et plus solide ; ils ne veulent pas qu'on applique à ces rudes joûtes de l'argumentation syllogistique des enfants de quinze ou seize ans; ils s'opposent de toutes

[1] *Polycraticus*, VII, 10.
[2] PETRI BLESENSIS, *Ep.* 101.

leurs forces à l'introduction prématurée,
dans les études, des problèmes ardus de la
métaphysique, des questions épineuses du
droit : c'est intervertir l'ordre naturel, et placer à la base de l'édifice ce qui doit être au
sommet. Le jugement se fausse et s'altère à
manier trop tôt cette machine compliquée du
raisonnement. « L'éloquence, dit Jean de Salisbury, n'a pas de serviteur plus commode et
plus alerte que la dialectique ; mais son utilité
se mesure à la science de celui qui l'emploie.
Aux mains d'un homme très-instruit, elle peut
beaucoup ; mais à qui ne sait rien, de quoi
peut-elle servir ? C'est tout justement alors la
massue d'Hercule entre les mains d'un pyg-
mée [1] ». Il réserve donc aux études littéraires la
première et la plus large part. Pierre de Blois
tient le même langage. L'enseignement vivant
et fécond, répète-t-il, est dans les livres des
anciens : il ne faut pas se lasser de l'y chercher.

Voilà les saines méthodes que les maîtres
éclairés du XIIᵉ siècle s'efforçaient de faire
prévaloir autour d'eux. Il était difficile que

---

[1] JOANNIS SARESB., *Metal.*, I, 9.

l'enseignement se maintînt à cette hauteur, et déjà des pratiques fort opposées tendaient à s'accréditer. Nombre d'étudiants n'avaient ni les moyens, ni la volonté de consacrer de si longs efforts à deux « arts » considérés comme secondaires, la Grammaire et la Rhétorique. On voulait franchir rapidement ces deux étapes ; on se hâtait vers la Logique ; car la Logique donnait accès à la Théologie, et celle-ci, avec les vastes perspectives qu'elle ouvrait au mérite et à l'ambition, était le point de mire des jeunes gens intelligents, de tous les clercs sans fortune. La méthode dialectique, mise en honneur par les controverses religieuses et philosophiques, déborda de proche en proche, et gagna jusqu'à la Grammaire. On argumenta sur l'accord du verbe et du sujet ; on réduisit en syllogismes les règles de Donat et de Priscien. Le déclin des études libérales fut rapide au XIIIe siècle : au XIVe il fut complet. L'âge des grands docteurs, des Anselme, des Abélard, des Albert le Grand, des Thomas d'Aquin est passé ; la controverse a peuplé les écoles de logiciens intrépides qui font de la dialectique non le moyen, mais le but suprême de la culture intellectuelle.

L'enseignement au moyen âge portait en soi

un germe de décadence. C'était l'usage que le professeur de chaque « art », comme on disait alors, de chaque chaire, comme nous dirions, indiquât à ses élèves le « texte » ou manuel dont il se proposait de faire la base de son cours. A l'étude du manuel devaient se joindre la lecture, l'explication, la récitation des auteurs et les exercices variés de la classe, rédactions, amplifications, compositions en vers et en prose.

Ces divers travaux, rangés sous la dénomination générique d' « appendice », constituaient la tâche personnelle et originale de l'élève : c'était la partie de beaucoup la plus fructueuse de l'enseignement. Il n'en est pas moins vrai que le texte, recueil des théories et des exemples, dépositaire authentique de la doctrine, eut de bonne heure une importance capitale. « L'appendice, disait-on, n'est rien sans le texte ; posséder le texte, c'est posséder la science » : aphorisme inoffensif, si l'on suppose la méthode appliquée par un maître intelligent et instruit, mais dangereux et funeste, pour peu que le professeur manque de lumières et les élèves d'application et de bonne volonté.

Un jour vint où l'étude des auteurs fut pres-

que entièrement délaissée, où l'obligation
d'écrire en latin, inscrite dans les plans d'études, ne fut plus qu'une lettre morte, ou l'explication monotone du rudiment devint toute la
Grammaire. Il est juste d'ajouter qu'on déploya
sur ce point un luxe inouï. On eut pour les
commençants des traités élémentaires en prose
et en vers ; on réserva pour les bacheliers Donat et Priscien [1]. Etre en Grammaire au temps
de Salisbury, c'était lire Horace, Virgile et Térence, c'était se mettre en état de comprendre
les grands traités oratoires de Cicéron et de
Quintilien, c'était orner sa mémoire des plus
belles pages de l'antiquité classique, développ-
per en soi le jugement et le goût, apprendre à
penser à l'école des maîtres. Etre en Grammaire, au XIV\ siècle, c'est avoir déchiffré successivement les « Parts » ou huit parties du
discours, le « Quid est ? » ou tableau des règles de l'oraison, par demandes et réponses,
le « Doctrinal » ou rudiment en vers léonins
d'Alexandre de Villedieu ; c'est encore posséder sur le bout du doigt l'un de ces huit auteurs
fameux qui ont réduit en si beaux hexamètres,
en si ingénieux distiques, la Mythologie et

---

[1] *Hist. litt.*, t. XXIV, p. 267.

l'Histoire sacrée, la Morale humaine et divine (le *Caton*, le *Facet*, le *Floret*, le *de Comtemptu Mundi*, le *Théodulet*), l'Apologue (*Fables d'Esope*), la Pastorale et l'Epopée *(les Deux Tobies)*, sans oublier les excellentes *Paraboles* de maître Alain de Lille [1]. Rabelais n'a guère exagéré, quand il nous montre le jeune Gargantua épluchant, sous la férule de Thubal Holopherne, son premier maître, le « De modis significandi [2], avec les comments », et poussant à sa mère des arguments victorieux. Quelle pouvait être la force d'écoliers si bien dressés ? apparemment celle de Gargantua. Au bout de « 18 ans et 11 mois », il possédait si bien sa « charte » qu'il la « rendoit par cœur à revers » : ce qui ne l'empêche pas, au jour de l'épreuve sérieuse, de balbutier indignement sans parvenir à tirer deux mots de sa cervelle, à la grande fureur de son père, à la grande surprise de Jobelin Bridé, son second précepteur.

C'est l'époque où l'on voit apparaître et fleurir dans les écoles ces ouvrages bizarres, recueil de sentences, de réflexions morales, de

---

[1] « Auctores octo » Continentes libros... videlicet Cathonem, Facetum, etc... Engolisme, Anno Domini 1492. (pet. in-4, *Bibl. Nat.*)

[2] Livre de JEAN DE GARLANDE, auteur présumé du *Facetus* et du *Floretus*....

proverbes vulgaires, d'instructions pratiques, extraites, à l'origine, des ouvrages de Sénèque, de Valère-Maxime, de Cicéron, etc... et qu'on finit par attribuer indistinctement aux personnages de l'antiquité les plus célèbres au moyen âge, confondus sous la même appellation de « Philosophes » ou de « Sages ». On sait quelle fut la vogue de « Dionysius Caton [1]» ou « Catonnet », suite de maximes et de conseils en prose latine et en distiques, livre écrit, assurait-on, de la main de Caton l'Ancien, et destiné par lui à l'éducation de son fils. Une autre compilation du même genre, intitulée : « Dits des Philosophes » ou « Proverbes as Philosophes », ne jouit pas d'une moindre faveur. On en compte quatre reproductions différentes du XIIIe au XIVe siècle. A chaque remaniement, l'œuvre s'enrichit de pensées nouvelles attribuées à de nouveaux sages. On fait à quelques-uns l'honneur d'un recueil spécial : Aristote a ses « Dits », Sénèque, ses « Proverbes ». Veut-on savoir les noms qui personnifient, aux yeux du moyen âge, la sagesse antique ? En voici la liste, dressée au

---

[1] V. Leroux de Lincy, *Le Livre des Proverbes*, Introd., t. Ier.

XIIIᵉ siècle par la main d'Alars de Cambrai, le premier traducteur en langue vulgaire des « Proverbes as Philosophes [1] ». Alars compte vingt sages, qui sont : Tulles, Salemons, Sénèque, Térence, Lucain, Perses, Cicéron, Diogènes, Horaces, Juvenaus, Socrates, Ovides, Sallustes, Isidore, Aristote, Caton, Homer, Platon, Virgiles, Macrobes. On ne manquera pas de remarquer ce dédoublement de Cicéron en deux personnages distincts. Chose curieuse, à mesure qu'on s'éloigne de la rédaction originaire, les noms cités s'altèrent et se défigurent un peu plus. A la fin du XIVᵉ siècle, Guillaume de Tignonville, le futur prévôt de Paris, dans un dernier et plus complet remaniement du livre des « Dits », fait disparaître les noms des poètes ; il ne conserve que celui d'Homère, mais en le confondant avec Ésope. En revanche, il cite Hermès à côté de Sédécias, et « le grant roi Alixandre philosophe » près de son maître Aristote. Mais où a-t-il pris ces noms barbares, Vac, Raqualkin, Sacdarge, Simicrates, Molerus, Tracalique, et tant d'autres, dont il pare les titres de ses chapitres, et dont il fait des autorités pour ses lecteurs ?

---

[1] LEROUX DE LINCY, *Le Livre des Proverbes*, Introd., t. 1ᵉʳ.

Voilà pourtant les livres qui avaient usurpé le droit d'instruire les jeunes gens; ils y puisaient le plus clair de leur science. Quoi d'étonnant si les notions littéraires justes et précises vont s'effaçant chaque jour davantage? L'antiquité semble reculer et se perdre dans un vague lointain. La reproduction des manuscrits, si active au XIIe et même au XIIIe siècle, s'arrête et cesse; les traductions, relativement nombreuses au XIVe siècle, ne sont pas, comme il pourrait sembler, un signe de renouvellement; elles attestent surtout l'impossibilité où se trouvent les lettrés, devenus rares, de recourir aux textes originaux. La décadence des études se trahit par des signes manifestes; les essais tentés pour remédier au mal suffisent à en attester la gravité. Les statuts de réforme de 1366, en interdisant l'usage des leçons dictées [1], restent muets sur l'obligation, maintenue jusqu'alors, d'écrire correctement en latin, pour être admis à suivre les cours de l'Université [2] ou pour prétendre au titre de bachelier.

---

[1] *Hist. litt.*, t. XXIV, p. 268.

[2] C'était pourtant une recommandation expresse du docte ALAIN en ses *Paraboles :*

> Ut perpendiculo paries æquetur oportet,
> Ne domus hoc ipso deficiente ruat,
> Quod non stare potest titubantis machina muri,

L'histoire n'est pas moins déchue que la littérature. Distinguer les époques, les coutumes. les religions même, est devenue chose impossible aux hommes du XIVᵉ siècle. Les faits de l'histoire profane ou de l'histoire sacrée, les temps anciens et les temps nouveaux s'offrent aux yeux sur le même plan et dans la même perspective. Des Champs cite et rapproche indifféremment Tite-Live et Bède le Vénérable, Valère-Maxime et Jérémie, saint Pierre et Aristote, Darès et les Évangélistes, les Prophètes et Zoroastre [1]. Il fait gravement de ce dernier, qu'il fait régner en Baterie (Bactriane) du temps d'Abraham, l'inventeur des Sept Arts [2]. Après tout, on lui sait gré de ne pas remonter plus haut, quand on entend le docte Gerson attribuer à Adam lui-même la première origine de l'Université de Paris [3].

Est-on curieux d'apprendre comment des

Si fundamentum debile fallat onus :
A simili, si quis sublimes tendit ad Artes,
Principio Partes corde necesse sciat.
Artes post Partes veteres didicere poetæ :
Idcirco magnum promeruere decus..., etc. ..

V. le *Liber parabolarum* (dans le *Octo Auctores*).

[1] *Man.*, 40.
[2] Crap., p. 261.
[3] *Harangue prononcée en 1405* (Paris, chez V. Sertenas, 1560).

Champs compose la bibliothèque d'un homme sérieux? Qu'on écoute ces instructions :

> Qu'il soit fondé en Grammaire, en Logique,
> Qu'il ait véu maint acteur ancien *(auteur)*,
> Valérium, Tulle et Policratique,
> Tite-Live, Sénèque et Persien,
> Virgile aussi, Socrate, Lucien,
> Qui de parler à droit *(selon les règles)* furent lumière,
> Sans dire mot ne devant ne derrière,
> Fors que tousjours faire vraie oroison
> En tous leurs dis : s'il est qui bien y quière,
> Rhétorique a en ce perfection [1].

Voilà sans doute une nomenclature assez étrange, qui place au nombre des écrivains anciens, entre Cicéron et Tite-Live, le *Polycratique*, c'est-à-dire Jean de Salisbury. Mais, que dire du genre de mérite attribué à ces divers auteurs ? que penser de l'efficacité de leurs leçons, quand on les entend louer en un style qui répond si peu au leur ?

Ce passé que l'on connaît si mal et qu'on travestit si librement, on y revient sans cesse, on y puise à chaque instant les rapprochements, les comparaisons, les exemples. Qu'il s'agisse d'une biographie, d'un sermon ou d'un discours politique, cet étalage de vaine science est le même. L'auteur du « Livre des Faits du

---

[1] *Man.*, 384.

maréchal de Boucicaut » ne se croit pas quitte envers son héros qu'il n'ait comparé ses premières années à l'enfance miraculeuse de Pâris, fils de Priam, à la jeunesse de Cyrus, à celle de Romulus et de son frère. Jamais on n'a moins compris l'antiquité : jamais on ne l'a citée davantage. Elle projette une lumière fausse sur les figures les plus originales. Des Champs ne trouve pas de plus bel éloge à faire de du Guesclin que de le comparer, en largesse à Alexandre, en douceur à Pâris, en science de la mer à Bacchus [1].

On sent que de pareilles habitudes de langage doivent altérer à la longue la rectitude et la justesse de la pensée : l'antiquité dénaturée sert à fausser à son tour l'interprétation des faits et des personnages contemporains. Les plus grands esprits, les plus sincères, n'échappent pas à cette contagion du mauvais goût : Gerson, l'éloquent adversaire du schisme, l'avocat convaincu de la paix de l'Église, exposant, dans une conjoncture solennelle, les difficultés d'une œuvre que les passions humaines viennent à l'envi contrarier, cite, comme autant d'exemples mémorables de

---

[1] CRAP., 162.

la fragilité humaine, Ajax, Médée, Caton et les Apôtres[1]. Christine de Pisan n'ose pas s'en remettre à elle seule du soin de retracer dignement la vie du « sage roy Charles le Quint. » Il faut qu'elle construise, pour démontrer chacune de ses vertus, un argument en règle, dont elle emprunte les éléments à l'Éthique ou à la Politique d'Aristote. Elle ne saurait faire un pas sans confronter son opinion avec les vues du philosophe, et son admiration pour Charles V lui semblerait moins légitime sans l'appui d'une autorité si respectable. Parfois, il arrive que ces laborieuses constructions ne recouvrent que le vide. Ouvrez l'écrit en prose[2] de des Champs intitulé : « Dolente et piteuse complainte de l'Église moult désolée aujourd'hui », et composé en 1393, pendant les conférences pour la paix qui se tenaient à Lolinghem. C'est une espèce de mémoire sur les misères dont le schisme menace la chrétienté. Vous vous attendez à rencontrer des faits, des raisons, un tableau de la situation déplorable du monde chrétien. Détrompez-vous : le premier soin de l'auteur est de se dépouiller de sa personna-

---

[1] V. MICHELET, t. IV, p. 71.

[2] Écrit d'abord en latin, ce discours fut traduit en français par l'auteur lui-même, à la prière du duc de Bourgogne.

lité ; il cède la parole à un être allégorique qui
n'est autre que l'Église elle-même ; il lui
met à la bouche une sorte d'homélie, remplie des généralités les plus vides sur la nature
humaine, sur les vertus et les vices, empruntant à l'apôtre saint Matthieu les huit divisions
de son discours. Rien ne manque à ces développements, que l'idée même qui les a suggé-
rés. C'est que l'école apprend à construire des
syllogismes : elle ne saurait apprendre à penser.

On a vu tout à l'heure des Champs citer Virgile. A-t-il jamais ouvert l'Énéide ? Tout porte
à croire qu'elle lui était profondément inconnue. Le nom d'Énée, la figure sainte du poème,
se rencontre sous sa plume : sait-on de quelle
mention il le fait suivre ? C'est le nom d'un
traître. Les Troyens furent détruits, dit-il,

> Par Enéas, qui convoita finance [1],

et, sacrifiant le « bien commun » (l'intérêt général), à sa passion pour l'or,

> Contre ce bien fit aus Grecs alliance.

Ailleurs au contraire, le poète nomme avec res-

____

[1] *Man.*, 344.

pect le héros de la défense de Troie, Hector,
et, selon l'usage constant du moyen âge, le
range parmi les preux, dans ce groupe illustre
où figurent César avec David, Alexandre à côté
d'Arthur et de Charlemagne, Josué et Maccha-
bée en compagnie de Godefroy de Bouillon[1]
D'où vient ce crime de lèse-Énéide? Il n'a
qu'une cause et qu'une excuse : l'ignorance de
des Champs. Son autorité en ces matières, ce
n'est pas Virgile, c'est Darès, ce prétendu soldat d'Hector, auteur apocryphe d'une relation
de la guerre de Troie qui, avec le livre du
pseudo-Dictys, fournit au moyen âge toutes ses
notions sur cette légende fameuse. Darès et
Dictys tenaient lieu aux lettrés d'Homère et de
Virgile[2].

Cela n'empêche pas des Champs de profes-
ser pour les poètes latins l'admiration la plus
vive. Un jour, on lui dérobe à la cour un de
ses manuscrits. Nous pouvons juger par ses
plaintes de la valeur de ce « jouel » (joyau);
(l'ouvrage portait ce titre). C'était une cou-

---

[1] *Man.*, 44 et passim.

[2] On devait se procurer sans peine l'abrégé très-court de
Darès, et il comptait sans doute parmi les livres de classe des
écoliers du temps. La « Bataille et Destruction de Troie en
François » (Dictys et Darès) figure au Catalogue de la Bibliothèque du duc d'Orléans. (V. LEROUX DE LINCY, *Bibl. de l'Éc.
des Chartes*, t. V, p. 65.)

ronne, un « chapel » de fleurs poétiques qui lui avait coûté vingt années de travail ; composition ingénieuse en vérité, « faite au tour, » digne de « Socrate » et de « Sénèque » par la gravité des pensées, « d'Ovide », par la délicatesse du sentiment, de « Virgile » par la beauté du style, où l'auteur avait trouvé moyen d'enchâsser les noms des plus illustres personnages du temps ; un musicien habile avait composé pour le poème des mélodies comparables à celles d' « Orphée » [1]. Regretterons-nous, autant que le fit des Champs, la perte d'un semblable chef-d'œuvre ? Ce galant poème nous eût sans doute édifiés sur la manière dont l'auteur pratiquait l'antiquité ; mais il est douteux que cette révélation lui eût fait, à nos yeux, tout l'honneur qu'il s'en promettait. Des Champs est un médiocre disciple des anciens : il faudra chercher ailleurs son originalité.

[1] « Et Orphéus ses douls chants y nota... »
(*Man.* 258, col. 3).

CHAPITRE III

LA JEUNESSE DE DES CHAMPS; SES PREMIERS EMPLOIS.

Des Champs était Champenois, non pourtant de cette Champagne au sol plat, aride, crayeux, qui nous a donné La Fontaine. Vertus, sa ville natale, est assise, il est vrai, dans une plaine; mais la campagne en est riante; une petite rivière, la Berle, y coule non loin des murs de la ville. Des collines s'élèvent à quelque distance; du temps de notre poète, elles donnaient un vin dont la réputation s'étendait fort au-dela de la Champagne et de la Brie; les crus de Vertus semblent avoir perdu de leur renom, mais sans tomber au rang de ces petits vins de Brie, signalés par des Champs, avant Boileau, à l'animadversion des gourmets[1]. Ce vin et les autres

[1] « Leurs vignes sont des prunelles de bois » TARB. II, 143.

productions d'un sol fertile avaient contribué sans doute à répandre l'aisance et la richesse au sein de la population. Les tavernes, les sociétés bachiques n'étaient pas rares à Vertus, et des Champs nous a laissé, dans nombre de pièces, la preuve que certaine compagnie des Fumeux, dont il fut le roi, ne le cédait à pas une en belle humeur.

Quelle était la famille de des Champs ? Nous l'ignorons : il a négligé de nous l'apprendre. Ce qui semble avéré, c'est qu'il appartenait à la bourgeoisie aisée du pays ; il tenait de ses parents une fortune qui ne laisse pas d'avoir été assez considérable. Il ne s'est jamais piqué de noblesse. En son enfance, on l'appelait tout uniment Eustace [1] ; plus tard, ses amis le dési-

---

Ce rapprochement même, est, je le crains, calomnieux pour Vertus. Les coteaux de Vertus fournissent encore un vin rouge renommé, le meilleur de la Champagne. Des Champs, qui s'y connaissait, vante cette liqueur

> vermeille, fresche et plaisant,
> Qui fait tout autre odour taisant,
> Quant ele est apportée en place. (TARB. I, 19).

Il recommande aux buveurs cette excellente « médecine »,

> Qui vient de si noble racine
> Comme du droit plant de Beaune.

Remarquez ce dernier trait, titre de noblesse des vignobles de Vertus.

[1] Eustace fu appelé des enfans (CHAP. I).

gnaient assez volontiers par le nom d'un domaine qu'il possédait dans la campagne de
Vertus ; c'était sa maison des Champs, sorte
de ferme à la fois et d'habitation de plaisance,
joyeuse résidence où il traitait ses amis [1]. « Des
Champs » ne fut donc à l'origine qu'un surnom
par lequel on prit l'habitude de le désigner,
ses amis d'abord et ses compatriotes, les étran-
gers ensuite. Quelques années plus tard, un
sobriquet prévalut. Son teint basané lui avait
fait donner à la cour de Charles V le surnom
de « Morel » ou « Moriaux » (noir comme
more)[2] qu'il garda, dont il fit sa signature,
et qu'il transmit à ses descendants.

A quelle époque naquit des Champs ? M. Crapelet, s'emparant d'un passage du poète, fait
remonter arbitrairement à l'année 1328 la date
de sa naissance. Mais de ce que des Champs,
parvenu à l'âge de cinquante ans, a vu passer
quatre générations de rois[3], il ne s'en suit nul-

---

[1] Dehors Vertus ai maison gracieuse,
  Où j'avoië par long temps demouré,
  Où pluseurs ont mené vië joieuse :
  Maison des Champs l'ont pluseurs appelé...
                              (Crap. I.)

[2] Comme un More me puet-on figurer...
                              (*Man.*, p. 205).

[3] Quatre lignie et généracion
  Ai veu de rois depuis que je fu nez.

lement qu'il soit venu au monde l'année même de l'avénement de Philippe VI de Valois, le premier de ces quatre princes.

M. Tarbé qui rejette, lui aussi, cette conclusion, pense trouver dans un rondeau épigrammatique du poète une révélation précieuse. On est au plus fort des démêlés suscités par le schisme entre la papauté et la royauté. Le pape de Rome a décrété une « grande indulgence, pour ranimer, » selon l'ingénieuse expression du Religieux de Saint-Denis, « la ferveur des chrétiens au profit des habitants de Rome. » La chrétienté s'émeut ; les fidèles même de l'obédience d'Avignon ne peuvent résister à ce pressant appel qui les pousse sur tous les chemins d'Italie. Une défense royale intervient, et « de nombreux pèlerins partent de tous les États de la chrétienté, excepté du royaume de France[1]. » A la place du jubilé interdit[2], le poète offre à ses fidèles l'idée d'un

Philippe, Jean, Charle en succession
Le cinquième ; Charle ses (*son*) fils ainsnez,
Vint après... (CRAP. 108).

[1] *Rel. de S. D.* X., 12.

[2] « Alors qu'on célébrait en France le Jubilé séculaire de 1400, des Champs, le cœur serré, laisse partir ce rondeau révélateur, dit M. TARBÉ. (*Trav. de l'Ac. de Reims*, t. 40, p. 13)«. Les historiens du temps nous signalent deux grands pardons promulgués à dix années de distance, l'un en 1390, l'autre en 1400 (V. sur ce dernier le *Rel. de S. D.*, l. XX, Ch. XIX et Mons-

pèlerinage moins difficile et tout aussi méritoire :

> Venez à mon Jubilé ;
> J'ai passé la cinquantaine ;
> Tout mon bon temps est alé :
> Venez à mon Jubilé.
> Mon corps est tout afolé (*malade, affaibli*) :
> Adieu ! de moi vous souviegne :
> Venez à mon Jubilé [1].

On peut l'admettre après M. Tarbé, la pièce de des Champs contient une indication sur l'âge du poète, mais à la condition d'être placée à sa vraie date, 1389 ou 1390, et non 1400. La naissance de des Champs ne dut pas être beaucoup antérieure à l'année 1338, ni postérieure à 1340 [2].

TRELET, l. I, Ch. III). Le premier rencontra, pour des raisons politiques, la plus violente opposition de la part de l'autorité royale. C'est à celui-là que se rapporte, selon moi, le rondeau de des Champs.

[1] TARBÉ, I, 184.

[2] Une ballade (*Man.*, 43), écrite sans doute après la campagne de Gueldres (1388), confirme cette induction. On demandait à des Champs s'il comptait reprendre du service ; il répond :

> Depuis qu'un homme a passé cinquante ans,
> Sans lui armer (*qu'il*) se tiegne en sa maison,
> S'il a de quoi, ne voist (*aille*) plus par les champs.
> De reposer doibt quérir la saison,
> Vivre du sien, et user par raison
> Des biens acquis loyaument, et non prendre
> Les biens d'autrui....

M. Tarbé rajeunit des Champs de près de dix années, lorsqu'il le fait naître entre 1345 et 1350.

Revenons à notre poète : nous ne savons guère de lui que ce qu'il a bien voulu nous en apprendre. Tout enfant il montra, si nous l'en croyons, d'assez précoces dispositions :

J'oy (*j'eus*) à douze ans grant imaginative [1]...

Où commença-t-il ses études ? Le grand centre intellectuel et religieux de la Champagne, Reims, possédait une de ces Ecoles de cathédrale, sortes d'Universités au petit pied, fondées par les évêques, et qui florissaient malgré la concurrence des Universités laïques, souvent trop éloignées [2]. Elles avaient leurs gradués, institués et nommés par les évêques, et recrutaient leurs élèves dans les petites écoles grammaticales des paroisses. Ces écoles supérieures embrassaient le cercle complet des études littéraires tel qu'il était alors défini : elles étaient placées d'ordinaire sous la haute direction d'un chanoine. Or, il y avait à Reims, vers l'année 1350, parmi les membres du Chapitre, un homme qui, sans cesser de briller au premier rang des beaux esprits et des poètes de cour, était venu chercher, dans l'exercice

---

[1] CRAP., p. 34.
[2] *H. Littér.*, XXIV, p. 43

des paisibles fonctions du canonicat, l'oubli de
certaines amertumes dont sa vie mondaine n'a-
vait pas été exempte. C'était Guillaume de Machaut. Des Champs l'a connu intimement. Il le
nomme le « doux maître, le grant rhétorique »
(versificateur) ; il a entretenu avec lui des relations qui paraissent avoir été fort suivies,
fort amicales, et qui devaient remonter assez
haut, peut-être à l'enfance du poète. C'est ce
que peuvent faire supposer, dans leur brièveté
un peu sèche, les termes mêmes de l'éloge
qu'il consacre à Machaut, quand celui-ci mourut en 1377. C'est lui, dit-il,

> « Qui m'a nourri et fait maintes douceurs »... [1]

Voilà, si je ne me trompe, un témoignage de
reconnaissance assez formel ; des Champs sa-
lue, dans la personne de Machaut, un maître
qui a pris soin de son enfance et de sa première jeunesse. Rien n'empêche de croire que
notre poète parcourut à Reims, sous la surveillance et sous les yeux de Machaut, les
deux premiers degrés que comportait l'éducation littéraire du temps : Grammaire et Rhétorique. Le maître reconnut, sans nul doute, les

[1] CHAP., 81.

rares aptitudes de l'élève, et, tout en le préparant à l'enseignement complet des Sept Arts tel que le donnaient alors les Universités, il ne dut pas oublier la Musique, cette science des sons notés ou des sons rhythmés, comment la définit des Champs [1]. C'était l'art où triomphait Machaut, musicien aussi distingué que versificateur ingénieux.

A vingt ans, des Champs n'avait pas encore quitté l'école de Reims. Un passage du *Miroir du Mariage* autorise cette supposition. Certains faits de la désastreuse campagne inaugurée par la défaite de Poitiers, qui venait de livrer la France à la discrétion des armées anglaises, sont rapportés par lui avec l'insistance du témoin oculaire. Bien des années après, il revoit ce spectacle resté gravé dans sa mémoire, l'armée anglaise couronnant les hauteurs qui dominent Reims, se logeant dans les couvents environnants, et préparant le siége de la place. Le roi anglais, dit-il,

> Devant Reims vint séoir ou (*au*) mois,
> L'an cinquante-neuf, de novembre,
> A Saint Basle, bien m'en remembre;
> A quatre luies (*lieues*) de Reims loga,
> Et quarante jours l'assiéga... [2]

[1] CRAP., p. 264.
[2] CRAP., p. 243.

Il y a là un souvenir personnel. Le jeune homme terminait ses études au moment de l'invasion qui aboutit au traité de Brétigny ; mais il ne dut pas tarder à quitter Reims pour aller étudier le droit à l'Université d'Orléans.

> Et moi, qui de ce temps-là sui,
> Sai bien que lors y [1] envoia
> Le Régent...

Ainsi s'exprime le poète, en retraçant les circonstances au milieu desquelles fut signé ce traité qui rendait au roi Jean sa liberté, et démembrait le royaume (8 mai 1860). Nul doute qu'il ne se trouvât alors dans le voisinage, c'est-à-dire à Orléans même.

Orléans jouissait à cette époque d'un rare privilége. C'était la seule ville de la Langue d'Oil où existât une école de droit civil. On y enseignait non seulement le droit canon et le droit coutumier, mais aussi le droit écrit, la « loi romaine. » L'enseignement des lettres et de la philosophie avait pâli devant les Sept Arts de Paris : la Faculté des Droits y subsistait dans tout son éclat, d'autant plus fréquentée, d'autant plus prospère ; et, laissant à l'U-

---

[1] A Châteaudun, où s'était rendu Édouard III « avec son commun ».

[2] Crap., p. 249.

niversité de Paris la gloire de ses éminents docteurs en théologie et de ses maîtres ès arts, elle se contentait de former de savants juristes, utiles et intelligents coopérateurs du pouvoir royal [1].

Les études de droit étaient longues, et certains étudiants trouvaient moyen de les prolonger encore, au grand préjudice de parents trop débonnaires :

> Huit ou dix ans illec *(là)* [2] demeurent,
> Et l'argent *(de)* leurs pères déveurent... [3]

Des Champs fut-il du nombre ? Dieu me garde de le calomnier ! mais ses aveux pourtant sont assez clairs. Il n'avait pas quinze ans qu'il se sentait déjà amoureux [4] ; à vingt ans, s'il ne s'est pas vanté, il était le plus turbulent et le plus fou des écoliers. Point de partie qui lui semblât téméraire, point de jeu trop dangereux. Querelles avec les bourgeois, démêlés avec les gens de justice, mauvais coups donnés et reçus, accrocs faits à la bourse et quelque peu à la réputation, il confesse tout :

[1] *H. litt.*, XXIV, p. 439, 467.
[2] Il s'agit de l'Université même d'Orléans.
[3] *Miroir du Mar.* (*Rubr.* 22.)
[4]
> Dames, dames, que j'ai longtemps servi...
> Las ! dès que j' oi *(eus)* quatorze ans et demi,
> Je me sousmis à vostre obéissance... (CRAP., 83).

> Pendant seize ans me plonga en celle (*cette*) onde
> Ce fol cuidier (*vaine présomption*)...

A quarante ans [1], il s'aperçut avec stupeur qu'il avait gaspillé son argent et sa jeunesse, et que, de ce bon compagnon d'autrefois, fort et hardi comme Roland, il ne restait plus qu'un pauvre homme, déjà « tout blanc, » songeant, mais un peu tard, à réparer les brèches de sa fortune. Je soupçonne le poète d'avoir exagéré quelque peu ses méfaits et forcé les couleurs, pour rendre plus sensible la leçon de prévoyance qu'il destine aux jeunes gens. Les folies, du moins, n'empêchèrent pas le travail [2]; il enseigna même, sans doute en qualité de bachelier ou de licencié ès arts [3], tout en poursuivant ses études de droit; rompu aux exer-

---

[1] Quant je me vi en l'age de vint ans...
Bien me sembloit que je feusse Rolans...
Folie amai, je fi tous ses commans (*commandements*);
Celle me fit mainte grant honte avoir,
Batre et tancier, perdre de mon avoir...
A quarante ans depuis ce me trouvai
Tout esbahi; de mon cuidier plourai...
(CRAP., 55).

[2] Jusqu'à trente ans, je ne cessai d'aprendre...
(CRAP., 34).

[3] Tous les sept arts, oi (*j'eus*) en ma rétentive,
Je pratiquei tant que je su comprendre
    Le ciel et les éléments,
Des estoiles les propres mouvements :
Lors me donnait chascuns gages et robes...
(CRAP., 34).

cices de la dialectique, il se fit remarquer au premier rang de ceux qui joignaient à la connaissance approfondie des lois la solidité d'argumentation qui fait briller le logicien [1].

Il sut cultiver en même temps d'utiles relations. J'ai, dit-il quelque part, dans une sorte de résumé de sa vie et de ses travaux,

> Servi à court de prélat et de rois.

Ces simples mots donnent à penser qu'il eut pour protecteur, et bientôt pour introducteur auprès des princes, un prélat. Une famille, originaire de Champagne, semble avoir, à cette époque, fixé dans son sein, par le mérite et la vertu, les premières dignités ecclésiastiques, les postes les plus considérables où la confiance d'un roi pût élever un sujet. C'est la famille de Dormans. Maître Jean de Dormans, procureur au Parlement de Paris en 1347, put voir deux de ses fils, Jean et Guillaume, le premier évêque de Beauvais et cardinal, se succéder, à peu d'années d'intervalle, dans la

---

[1] Au moyen tems, oï (*j'eus*) la prérogative (*supériorité*);
Je su les Lois et les Décrets (*droit civil, droit canon*)
Et soutilment arguer par logique,   [entendre]
Et justement tous vrais jugemens rendre...
(CRAP., 34.)

charge de chancelier de France. Un autre
membre, non moins illustre, de cette maison,
le quatrième fils de Guillaume, Miles de Dormans, nous est présenté, dans une ballade consacrée par des Champs à sa mémoire, comme
une sorte d'évêque-soldat, essayant, avant la
bataille de Rosebecque, d'empêcher l'effusion
du sang, puis, l'oriflamme déployée, donnant
l'absolution [1] aux soldats de l'armée française.
Chancelier du jeune roi au lendemain même
de la mort de son père, élevé à cette dignité
par le suffrage unanime des membres du conseil, il avait été le serviteur actif et dévoué du
roi Charles V. Son genre de vie, à en croire le
rapport de des Champs, tient de l'homme
d'église, du grand seigneur, du lettré. Magnifique et fastueux, mais savant et ami des clercs,
il traîne après lui l'attirail des riches prélats
du temps, meutes, oiseaux chasseurs, chevaux
de luxe , dans la grande salle de son hôtel se
pressent une foule de chevaliers, d'écuyers, de
varlets. Cet équipage le suit à l'étranger ;

en Itale (Italie),
Nobles gens ot (il eut) tous jours en sa compaigne,
Chiens et oiseauls ; large com Charlemaigne [2],

[1] Chascuns ressoubs (absous) fut de coulpe et de peine,
  Du noble Mile (de la main du), évesque de Beauvais.
[2] TARB. I, 99.

dit notre poète, qui représente ici au naturel ce pêle-mêle un peu étrange de bêtes et de gens. Des Champs parle en connaissance de cause de ces voyages au-delà des monts, que le mariage de Jean Galéas Visconti, duc de Milan, avec Isabelle de France, fille du roi Jean le Bon, avait rendus fréquents depuis 1360 ; la princesse avait apporté en dot à son mari le territoire de Vertus, érigé pour elle en comté. Miles de Dormans fut chargé par le roi Charles V de plus d'une mission diplomatique en Lombardie ; et des Champs fut désigné peut-être à son tour, en raison de ses connaissances spéciales, et sur la recommandation du prélat [1], son compatriote et son protecteur, comme intermédiaire entre la suzeraine et ses vassaux du comté de Vertus. En tout cas il compte

---

[1] L'évêque de Beauvais avait sans doute trouvé des Champs occupé à suivre, pour compléter son instruction de légiste, les assises des bailliages de l'Ile-de-France. Les étudiants qui se destinaient à la profession d'hommes de lois étaient obligés « avant d'oser un mot sonner », comme dit notre poète, d'aller « écouter trois ou quatre ans »

> En parlement ou ès assises,
> Pour la pratique, pour les guises (*coutumes*)
> Savoir, aussi l'expérience
> Qui est maistresse de science... (*Mir. du Mar. Rubr.* 22).

C'est ainsi que le jeune avocat, que le futur magistrat se formait à la pratique des affaires et aux détails de la procédure. Après ce stage, il pouvait aspirer à être « coustumier tenu ».

parmi ses titres, l'honneur d'avoir servi le duchesse de Milan. Vers le même temps, le frère puîné de Jean le Bon, le duc Philippe d'Orléans, mort en 1372, et la duchesse Blanche de Bourbon, sa femme, l'admettaient au nombre des officiers de leur maison [1].

Ce fut à cette époque (1367 à 1372), qu'il remplit les fonctions de messager du roi, portant, comme il dit « la boîte aux lettres », c'est-à-dire les dépêches royales. Charles V, en politique habile, n'agissait pas moins par la plume de ses clercs que par l'épée de son connétable; il cherchait partout des alliances contre l'Anglais, en Italie, en Allemagne auprès de l'empereur, en Hongrie même et en Pologne. Il avait des messagers sur toutes les routes. Des Champs fut du nombre de ces envoyés discrets, fidèles, clairvoyants surtout, et capables de rapporter de leur séjour à la cour des princes une foule d'informations précises. C'est une période de promenades, de chevauchées, d'aventures, et parfois de périls, qui

---

[1] Dans une supplique au roi Charles VI, on lit :

> Au Roi supplie Eustaces humblement
> Que comme il ait (*attendu qu'il a*) votre père servi...
> Et vostre tante en Lombardie aussi,
> Duc, duchesse d'Orliens autressi... (CRAP., 41).

s'ouvre alors pour notre poète. Nous avons ses notes de voyage pendant cette odyssée à travers l'Europe occidentale ; il les a jetées au hasard de la rencontre, dans un rondeau, dans une ballade. Ce n'est pas chose toujours facile d'arriver jusqu'aux princes ; il faut courir après eux, solliciter une audience, revenir à la charge. Les mois s'écoulent, et la bourse est à sec :

> Vous, ambasseur et messagier,
> Qui alez par le monde ès courts
> Des grans princes pour besongner,
> Vostre voyaige n'est pas courts *(court)*.
> Car on quiert tant de divers tours,   [*accordée*].
> Depuis que vous serez oïs *(une fois la 1ʳᵉ audience*
> Il faut que vostre fait *(votre message)* soit mis
> Au conseil, pour répondre à plain ;
> Attendez encor, mes amis !
> Tous jours arez d'huy à demain [1]...
> Tems passe, et tout vient à rebours :
> Argent faut hors de son païs [2].

Ces ennuis ne sont rien en comparaison des courses en pays sauvages, Moravie, Lusace, Hongrie, Bohême. La pluie, le froid, les routes défoncées [3], sont les moindres misères du voyage. Le cheval est las, et refuse d'avancer :

---

[1] « Vous aurez certainement réponse aujourd'hui ou demain ».

[2] *Man.*, 364, col. 3.

[3] Envoiez-moi par tout païs, s'écrie-t-il,
 Sauf par le païs d'Alemaigne...   *(Man.*, 354, col. 3).

> Par ma foi, mes chevauls (*mon cheval*) se lace (*lasse*),
> Et ne vuet plus aler à piet ;
> Cent fois le jour chope et puis chiet,
> De laissier aux champs me menace,
> Trop (*très*) souvent des genouls s'assiet :
> Par ma foi, mes chevauls se lace,
> Et dit que les nois (*la neige*) et la glace
> L'ont destruit ; mais s'il lui meschiet,
> Dire puet bien cil qui sus siet :
> Par ma foi, mes chevauls se lace [1].

Encore si le voyageur trouvait, pour se re-
faire, une bonne table et le feu pétillant de
l'âtre ! Mais les hôtelleries de Bohême, mais la
cuisine allemande, fi !

> Poisson salé, char (*chair*) de porc enfumée,
> Piteux brouet arez (*vous aurez*) douze en un plat,
> Esestuves (*à la cuisine*) sans chambre à cheminée,
> Cervoise et pain ; là orrez (*vous entendrez*) grant desbat...
> Et là serez servis à l'ordonnance
> De vostre hoste, non pas à vo (*votre*) plaisance,
> Mais de tels mez (*mets*) comme il plaira à lui :
> Faire autrement n'est pas en vo puissance.
> Mal fait mangier à l'appétit d'autrui ! [2]

Et quels lits ! des draps sales, puants, et
qu'il faut partager à deux ou trois ! [3] Dieu vous
garde de la Bohême !

> Poivre noir, chouls pourris, poireauls,

---

[1] *Man*, 358, col. 3.

[2] *Man.*, 358, col. 2.

[3]
> Chascuns ne gist mie à par soi,
> Mais deux et deux en chambre obscure,
> Ou le plus souvent trois et trois
> En un seul lit, à l'aventure... (*Man.*, 359, col. 3).

Chár enfuméë, noire et dure,
Boire cervoise amère et seure,
Mal couchier, noir paille et ordure,
Poulx, puces, puour et pourceauls,
Est de Béhaigne (*Bohême*) la nature [1].

Quelles gens encore que les « couratiers de chevaux [2] », ces maîtres de poste du temps, et les mariniers, ces coquins de la pire espèce, qui complotent contre la bourse ou la sûreté du voyageur! Il n'y a pas d'engeance au monde que des Champs exècre davantage, si ce n'est celle des médecins, quand il sera malade [3].

Ne lui parlez pas davantage du voyage de Lombardie. Sans doute

Il fait bien bon demourer
En douls chastel de Pavie [4]...

L'hospitalité des grands y est magnifique; dames et princesses, chevaliers et seigneurs y forment une cour choisie; le luxe des fêtes, la richesse de la vaisselle d'or et d'argent, les parures rehaussées d'or et de pierreries éblouissent les yeux. Mais pour gagner ces nobles cités, Pavie ou Milan, il faut franchir les monts,

[1] *Man.*, 360, col. 1.
[2] TARB., I, 189.
[3] *Man.*, 390.
[4] TARB., I, 116.

chevaucher cinq ou six jours dans la neige,
au sein de gorges affreuses , avec des rochers
menaçants sur sa tête, et l'abîme à ses pieds.
Bien fol est qui s'aventure, sans un pressant
besoin, au-delà des Alpes ! Où sont ces bonnes
villes de France, où l'hospitalité est si large et
si courtoise, Paris ou Rouen, Reims ou Amiens,
Arras ou Senlis ! [1] O le doux pays que la
France ! qu'il y fait bon vivre ! L'étranger y
trouve toutes les aises du foyer domestique.
Quelle exacte police et comme on sent, dans
toutes les parties du royaume, la main vigilante
et ferme d'un roi justicier ! Il ne peut revoir
ce beau pays sans lui envoyer un salut d'a-
mitié et de gratitude ! [2]

D'ailleurs il ne lui déplaît pas de courir le
monde. Ce n'est pas dans les livres qu'on apprend à connaître les hommes. Il faut quitter
« l'hotel » (le logis), pour acquérir cet utile
complément d'instruction que le séjour à
l'étranger procure à tout esprit bien fait :

---

[1] *Man.*, 240.

[2]
O douls païs, terre très-honourable,
Où chascuns a ce qu'il vuet demander
Pour son argent, et à prix raisonnable !...
Chambre à par soi, feu, dormir, reposer,
Lits, oreillers, blans draps, flairans la graine !...
(TARB., I, 194).

Il ne set (*sait*) rien, qui ne va hors ! [1]

Jusqu'où l'a mené pourtant cette humeur vagabonde et curieuse ? pas plus loin, soyez-en sûr, que ne l'exigeaient les obligations de son emploi [2]. Celui qui témoigne si peu de

[1] *Man.*, 358.

[2] Des Champs alla-t-il en Angleterre ? Il est difficile de répondre affirmativement. Je note pourtant la pièce suivante, comme se rattachant à l'idée d'un voyage outre-Manche :

> Adieu vous di, bois, rivière et païs,
> Desduit de chiens, d'oiseauls et de voler (*chasse au faucon*).
> Adieu, frois (*frais*) vins, dames qu'on doibt loer,
> Adieu la terre où l'on puet reposer,
> Douce eaue aussi, adieu ; trop me fait mal
> Quant je vous laiz (*laissé*), pour aprendre à humer :
> Dès or me faut boire à un vermical (*bocal, cruche*).
> — Adieu, mol lit, adieu, piteux regars ;
> Adieu, pain frais que l'on souloit trouver ;
> Il me convient porter honeur aux lars (*lard*)...
> Il me convient auls (*ail*) et secuit (*biscuit*) riffler (*avaler*),
> Et chevauchier un périlleux cheval (*la mer*).
> Voirre (*verre*) n'arai ne tasse pour trinquer (*boire*) :
> Dès or me faut boire à un vermical.
> — Mais, qui pis est, j'orrai (*j'entendrai*) de toutes parts
> En ces vaisseauls bruire la haute mer,
> Frapper ces gens et escrier ces gars
> L'un mettre à bord, l'autre desgosiller (*vomir*),
> L'un dessus l'autre, et venir et aler,
> Et soi bouter en soute et fond aval
> Pour le (*à cause de*) tempest ; c'est au (*il y a de quoi*) désespé-
> Dès or me faut boire à un vermical.   [rer :
> — Princes veuilliez aux fourriers commander
> Qui (*qu'ils*) me logent ou (*au*) palais principal,
> C'est en pouppe ; car, pour moi condempner,
> Dès or me faut boire à un vermical. (*Man.*, 210, col. 2).

Les vers qui suivent, sur l'aspect des côtes d'Angleterre, pourraient sembler contenir une impression personnelle :

goût pour la mine rébarbative des hôteliers de
Bohême n'est pas homme à chercher les dangers inutiles. Un Champenois a l'esprit plus
positif et le caractère plus rassis. Il ne s'en va
pas, à la manière des chevaliers errants, d'un
Jean de Bohême ou d'un Boucicaut, guerroyer
sur les bords de la Vistule, et, à peine sorti
des prisons du Soudan, faire campagne en
Frise ou en Islande. Ces folies sont bonnes
pour la jeune noblesse. Ne voyez-vous pas
qu'il s'amuse, quand il vous conte les mille
épreuves qu'il eut à soutenir[1], esclavage chez
les Sarrasins en Syrie, naufrage, rencontre de
brigands, pierriers et canons battant en brèche
le château-fort qui lui sert de refuge, mine
éclatant sous les pieds de l'assiégé ! Il en dit
trop pour être cru.

> Mainte falise (*falaise*) a (*elle a*), sur la mer posée,
> Haute et blanche, dont (*grâce auxquelles*), mainte région
> La puet véoir ; pour ce ainsi (*Albion*) fut nommée.
> (CRAP., 115).

[1] V. CRAP., 100.

CHAPITRE IV

DES CHAMPS A LA COUR DE CHARLES V.

Il paraît que les talents de des Champs
comme « ambasseur et messagier » furent
appréciés, car un titre plus honorable lui fut
donné, au moment même où la mort de la duchesse de Milan lui enlevait une de ses protec-
trices (1372). Le roi Charles V l'attachait à sa
personne en qualité d'huissier d'armes. Ce
n'était plus seulement un emploi, c'était un
office, et des plus considérés. L'huissier d'armes portait la masse devant le prince ; la nuit,
il couchait en travers de la porte de la chambre royale : le jour, il en défendait l'entrée. A
la guerre, il avait son logement près des quar-
tiers du roi, privilége fort envié et très-disputé,
comme nous l'apprennent un peu plus tard les

pour acquitter l'énorme rançon du roi Jean,
assurer la solde de ses gens d'armes, pourvoir aux frais des constructions de toutes sortes, des travaux d'utilité ou de luxe qu'il
entreprend ; il trouve moyen de faire face à
tout, sans augmenter les impôts, en réduisant
même la gabelle et les aides ; ses ennemis
l'appellent le thésauriseur (nummularius)[1] ;
c'est un surnom qu'il prend à tâche de justi-
fier, car il laisse en mourant une épargne de
dix-sept millions de francs. Lui qui jouissait
d'un pouvoir sans limites et incontesté, « il
appeloit à son conseil les bourgeois de ses
bonnes villes, et mesmement des moyennes
gens et de ceuls du commun[2]. » Il se préoc-
cupe d'éclairer, d'instruire, de gagner à ses
vues l'opinion publique. Il cherche à mettre les
saines notions de gouvernement à la portée de
tous les esprits, et rassemble non-seulement
pour son usage personnel, mais pour l'instruction de ses successeurs, une bibliothèque
de plus de onze cents volumes. Ennemi du
faste, il se laisse facilement aborder : on le res-
pecte et on l'aime. Plus amoureux des beaux

---

[1] *H. litt.*, XXIV, p. 183.
[2] CHRIST. DE PISAN.

dits et des sages pensées que des grands coups
d'épée, il a le goût des conversations sérieuses
et des hommes instruits. Il les fait « quérir »
partout ; il les réunit autour de lui à Vincennes, à Saint-Pol, aux Célestins. Il ne leur
impose aucune contrainte gênante en retour de
sa faveur, et prend soin lui-même de les avertir
« que son inclination n'est mie à flateries men-
songères oïr, mais enserchier les points de
vérité et de vertu [1] ». Il montre une grande
déférence pour l'Université de Paris ; il mande
souvent « le recteur, les maistres et les clercs
solennels... pour oïr la dottrine de leur science », et user de leurs conseils dans l'ordre des
choses de l'esprit. Il a témoigné dès sa jeunesse un goût déclaré pour les œuvres de
l'antiquité profane, en particulier pour les
ouvrages de philosophie et de morale. Tous les
matins, après l'office divin, il lit dévotement
la Bible ; mais ses lectures pieuses ne l'empê-
chent pas de prendre un vif plaisir aux livres
d'Aristote ; Nicolas Oresme avait traduit « par »
son « commandement » l'Ethique, la Politique,
le Livre du Ciel et du Monde. Ses « transla-
teurs » lui avaient fait connaître bien d'autres

[1] Christ. de Pisan (Coll. Petitot, 1re s., t. 5).

ouvrages. La traduction de Tite-Live, commencée par ordre du roi Jean, et continuée sous les yeux de Charles V, celle de Salluste et de Suétone, celle de Végèce refaite, montrent à quel point sa curiosité était vive et pénétrante. Tandis que son avocat-général Raoul de Presles lui traduisait la *Cité de Dieu* de saint Augustin, Jacques Beauchamp lui rendait le même service pour Sénèque, Simon de Hesdin pour Valère-Maxime [1].

Le roi consacrait à des lectures instructives les loisirs que lui laissaient les affaires; il n'avait pas peur qu'on le raillât de son goût pour les lettres : il le propageait autour de lui. Nous aimons à nous le représenter entouré de ce cortége de traducteurs, d'écrivains, de légistes, avec lesquels il s'entretient familièrement, laissant tomber de sa bouche les mots sensés, les réflexions judicieuses, les graves leçons [2]. Le voilà donnant audience à son chancelier Pierre d'Orgemont, qui vient lui communiquer, à mesure qu'il les compose, les faits de l'histoire de son règne : ces pages seront insérées dans le recueil des *Grandes Chroniques de Saint-Denis*. Voici venir maître Jean

---

[1] *Hist. litt.*, XXIV, p. 181, sq. q.
[2] V. Ch. de Pisan.

Desmarest, l'habile et intègre avocat général,
à qui sa ferme opposition aux empiètements de
l'Église commence à faire des ennemis. Voici
Raoul de Presles, avocat du roi en Parlement,
comme Desmarest, et qui rédige, à l'usage des
lettrés, un manuel du Gouvernement Politique[1],
expression fidèle de la pensée du roi lui-même ;
voilà le vénérable et naïf Philippe de Maizières
qui, après une vie semée de traverses et
d'échecs héroïques au service du roi Jean, avait
trouvé, à la Cour du roi son fils, l'accueil le
plus honorable ; il devait, avant d'entrer dans
sa retraite des Célestins, faire encore une fois
acte d'adhésion manifeste à la politique des
rois contre l'Église, en écrivant le *Songe du
Vergier*. J'ai nommé le savant Nicole Oresme,
récompensé par l'évêché de Lisieux de ses traductions d'Aristote ; il survécut deux années
à celui qu'il avait pu un instant appeler son
élève. Et combien d'autres personnages re-
commandables par le caractère et la science,
depuis le premier président Arnaud de Corbie
jusqu'au dévoué chambellan Bureau de la Rivière, l'ami, plus encore que le serviteur du
roi son maître ! Ce sont là des gens graves, de

---

[1] *Compendium morale de Republica.*

sens rassis et d'âge mûr. Si l'on voulait trouver une société plus bruyante, plus occupée de jeux, de fêtes, de chasses, de galanterie et de plaisir, il faudrait la chercher à Bicêtre, dans cette maison princière où le duc de Berri prodigue l'or. Plus sévère est la Cour du roi Charles V : un ordre parfait préside aux réceptions, qui ne laissent pas d'être fréquentes et nombreuses.

Des Champs, sans être au premier rang de ceux que leurs fonctions approchent du roi, n'est pas non plus perdu dans la foule. Quelques ballades, où il se fait avec justesse et à propos l'appréciateur des événements du jour, où il célèbre ces vaillants princes du sang, ces nobles barons, ces preux chevaliers, les Bourbon, les Couci, les Sampy, les la Trémoille, les Sancerre [1], tous ces illustres seconds de du Guesclin, lui valent une sorte de notoriété. Il a l'œil ouvert aux campagnes qui se poursuivent contre l'Anglais en Picardie, en Normandie, en Guienne, ou qui, par d'heureuses diversions, entraînent les « routiers » hors du royaume [2]. Il commence, peut-être à l'instigation

---

[1] Tarb., I, 11, 13, 33 et pass.
[2] Tarb., I, 25.

du roi, ce « Livre de mémoire[1] » où il doit,
trente-deux ans durant, consigner « l'histoire »
du sage roi et les « prouesses » de son bon
connétable[2]. Les marques de la bienveillance
royale viennent le trouver. En reconnaissance
des bons services rendus par des Champs à
« ses oncle et tante d'Orliens, » et à sa sœur,
en Lombardie, le roi lui assigne une pension
viagère sur la recette de Vitry[3]. Dès la naissance de son fils Louis, comte de Valois, il
l'avait attaché, en qualité d'écuyer, à la personne du jeune prince. Des Champs dut recevoir au même moment (vers 1372), la charge
de Bailli de Valois, car il en prend le titre en
diverses pièces antérieures à 1380 ; il est en
outre investi de la maîtrise des Eaux et Forêts
pour la circonscription de Villers-Cotterets, en
Valois.

C'est une époque fortunée dans la vie de des
Champs : les soucis viendront plus tard. Il partage son temps entre les affaires du roi et les
siennes, entre les travaux et les réunions
joyeuses. Un jour, il tient à Crespy les assises
de Valois ; une autre fois, les soins de l'admi-

---

[1] CRAP., 110.
[2] Ce livre est perdu.
[3] CRAP., 41.

nistration forestière du Comté l'amènent à Villers-Cotterets ; il va, il vient, de la Ferté-Aleps à Gournay, de Gournay à Epernay ; il est à Vitry, il est à Vertus. Il a partout des relations, des rendez-vous. Une absence, une maladie, un incident de voyage, un contre-temps, un envoi de vin à des amis, une anecdote à conter, une communication burlesque à la Société des Fréquentants de Crespy ou des Bons Enfants de Vitry, voilà les sujets qui font pétiller l'esprit du poète et le mettent en verve. La Muse de des Champs est d'abord une muse bachique : c'est sous la bannière de la « baboë [1] » (bouteille) qu'il fait ses premières armes.

[1] Tarb., I, 157.

CHAPITRE V

Des Champs a crayonné lui-même son portrait : on peut le croire ressemblant, car il
n'est pas flatté. Le premier trait de sa physionomie, c'est la laideur, non pas une de ces
laideurs vulgaires qui ne laissent rien deviner
de la flamme intérieure, mais une laideur expressive, provocante, en harmonie avec le caractère du personnage. Il se montre à nous tel
que la vieillesse l'a fait, et la vieillesse n'em-
bellit pas : noir comme un Maure, le sourcil
dur et hérissé, le crâne pelé comme saint
Paul[1], l'air dur, passablement revêche ; les
yeux regardent « de biais, » la bouche est lar-

[1] *Man.*, 209. Cf. C.RᴇᴘᴘᴇP., Préf. IV.

gement fendue, la mâchoire forte et saillante ; des lèvres épaisses laissent passer de grandes « palettes de dents ; » la taille est courte et massive, les jambes grêles ; il n'a jamais eu la démarche d'un damoiseau ; et les années, en ajoutant à son embonpoint, semblent encore avoir diminué sa stature. Il se proclame donc hardiment « roi de laidure ; » il signe ainsi ses « mandements, » et plaisante sur une royauté dont personne ne lui disputera le sceptre :

Sur tous autres doi estre roi des laids [1].

Le voilà dans sa triomphante laideur, ce grondeur obstiné, sorte de paysan du Danube qui doit, vingt ans [2] durant, tenir la férule et courir sus aux vices. Otez pourtant quelques années à l'original, et vous n'aurez pas trop de peine à vous persuader que cet écolier de vingt ans, à l'air hardi [3] et entreprenant, avec

[1] Il en prend bravement son parti : (*Mán.*, 209)

Chascuns me dit : Tu es laid garnement...

il répond :

Si je suis laid, si (*pourtant*) sui-je gracieux (*spirituel*).

[2] Vint ans a que je ne cessai
De vices blamer....

disait-il vers 1400.   V. Tarb., II, 27.

[3] Je fu hastis, chaux (*impétueux*) et entreprenans...
(Crap., 56).

ses cheveux noirs et ses yeux brillants de malice, a pu avoir quelques succès auprès des belles et ne pas se trouver trop mécontent de sa personne.

En ce temps-là c'est un joyeux convive, un gai compagnon ; la nature l'a doué d'un fonds de bonne humeur qui ne demande qu'à se dépenser. Il est un membre actif, nécessaire, de ces sociétés joyeuses et folles où s'épanouit à l'aise la gaieté provinciale. Elles ne manquent pas autour de lui, et chacune porte un sobriquet expressif : Crespy, la capitale du Valois, a ses Gillebertins Fréquentants ; les Bons Enfants de Vertus étendent leur empire d'un côté jusqu'à Epernay, de l'autre jusqu'à Vitry, par delà la Champagne Pouilleuse. La taverne est le lieu ordinaire des rendez-vous. On y cause peu ou point affaires : on y échange force gaillardises, on y boit force bon vin. Le signal des libations est quelque rondeau de table où se retrouvent le geste et l'accent du buveur [1]. Aussi bien, qui oserait dédaigner ce vin de Vertus

> Qui vient de si noble racine ?

---

[1] Tel est le rondeau cité par CRAP., p. 137 :

> Jamais à table ne serai,
> Se je ne voi le vin tout prest
> Pour boire et verser sans arrest... etc.

Ce n'est pas sans raison que la langue du moyen âge parle des « buveries de bourgeois ». Nos Champenois aiment le jus de la vigne et ne s'en cachent pas. Des Champs est justemen fier des crus de sa province ; et ce qui discrédite la Brie à ses yeux, ce n'est pas la grossièreté sauvage de ses habitants, ni la nudité morne de ses campagnes, c'est qu'elle n'a pas de vin : [1]

> Je sui perdu, quant on ne boit de vin ! [2]

Comment douter de la vertu du vin ? Il était tombé malade à Villers-Cotterets ; hors d'état de rejoindre la cour, il sentait la chaleur se glacer dans ses veines : le vin de Beaune l'a remis sur pied :

> Il n'a (*il n'y a*) médecins à Paris,
> Dont je feusse si tost garis...

Le fût est vide, il est vrai ; mais, dit-il, [3]

> J'en ai encore une bouteille
> Pour metre delez (*près de*) mon coissin (*oreiller*),
> Pour mieux digérer un poussin
> Que j'ai encore en mon dépost (*amie*),
> Lequel je doi mangier en rost :

[1] Leurs vignes sont des prunelles du bois... (TARB., I, 142).
[2] *Man.*, 224.
[3] *Man.*, 430.

> Et quant ma bouteille faudra.
>   Certes fuïr m'en convenrra (*il conviendra de m'enfuir*),
> Car je n'arai qui me conforte.
> Mais ma vertu sera si forte
> Dedens (*dès*) lors, que je poursuivrai
> Monseigneur (2ᵉ *fils de Charles V*), si me remetrai
> A l'ordonnance de la court...

Le poète ne compte pas avec ses amis ; à certains jours sa maison des Champs s'ouvre toute grande pour les recevoir. Ne doit-il pas faire à ses sujets les honneurs de sa royauté ? Ces compagnies de buveurs ont, en effet, leur constitution, leur royauté élective. Le prince tient des assises régulières, lance des mandements, tranche les différends survenus, apaise les querelles, prononce au besoin les amendes. Plus d'une pièce badine nous représente notre poète dans l'exercice de ces graves fonctions. Une nuit les loups sont venus hurler

> D'un brai laidement ordené [1]

jusqu'aux abords de son manoir. Il prend la plume, et, en sa qualité d' « Empereur des Fumeux (ivrognes), » décerne un arrêt de contrainte par corps contre Isangrin, dame Hersent et leurs « affins (parents) ». Deux de ses

---

[1] Pièce datée du 4 novembre 1370. (TARB., I. 3).

sujets de Vitry se sont pris de querelle en la taverne

> Pour (*à cause de*) la grant force du vin
> Qui en cervel les ot (*avait*) tapés...[1]

Vite une sentence, en style de bailli, pour ramener la paix :

> Considéré que l'en demain (*le lendemain*)
> Chascuns avoit plus soif que faim
> Et que, tantost qu'ils se levèrent
> Incontinent boire en alèrent,...
> Si mandons qu'un sergent soit prest
> Qui, pour afiner (*finir*) ceste guerre,
> Fasse tout plein de vin le verre,
> Et dist à chacun qu'il commence
> A boire...

Nous lisons, en tête de la « Charte des Bons Enfants de Vertus »[2] :

> Et sachiez que ce serait honte,
> Se (*si*) il étoiënt renommés
> De paier (*comptant*) sec à jour nommé...
> Ce n'est pas honte de devoir :
> Adès (*toujours*) fine l'on (*finit on*) par paier.
> Si (*aussi*) ne s'en doit nuls esmaier (*troubler*);
> Car tous dis (*toujours*) est-il d'emprunteurs
> Plus assez (*beaucoup plus*) qu'il n'est de presteurs :
> Lesquels sont devenu si saige (*avisés*)
> Qu'il ne vuelent prester sans gaige.
> Mais il mourront, ou vous mourrez,
> Et ainsi vous acquiterez....
> Donné sur la table, à mes coustes (*dépens*);

[1] TARB., I, 13.
[2] TARB., I, 17.

En beuvant vin de grant liqueur,
L'an de grâce Nostre Seigneur
M CCC et LX XII
Au mois d'Aoust qui le bled touse (*coupe*).

L'absence n'interrompt pas complétement ces relations familières. Est-il forcé, par ses fonctions de judicature, de séjourner au fort de l'hiver dans quelque humide et boueux canton de la Brie, c'est aux « Fréquentants de Crespy » qu'il adresse ses doléances ; [1]

Le corps me rompt, le cuer me crie,
Quant je pense au païs de Brie ;
Durs vins y a, néant charnus (*qui n'ont point de corps*),
Buche vert, sans flambe qui fume… (*qui fume sans
Il n'y a riens plus froid que l'estre (*l'âtre*),   [*flamber*)
Excepté le mortier de plastre (*boue*)
Où on entre jusqu'aux genouls
Toutefois que le tems est mouls…
O noble païs de Valois
Crespy-ci aux gentil Galois (*bons compagnons*),
Aux bons beuveurs, aux Fréquentans,
Je ne vous vi y a cent ans (*il y a un siècle que…*),
Villouart, et Gautier l'abbé,
Hébert, Arnoult; sui-je gabé! (*suis-je assez dupé!*)
Pourquoi laissai-je onques Crespy,
Pour le froid païs fréquenter?
Le diable m'a voulu tempter!

Ou bien, retenu à la chambre par quelque « fièvre tierçaine, » il rédige un Testament dont voici les clauses principales :

---

[1] *Man.*, 428, col. 1.

Je laisse cent sous de deniers (*d'argent*)
A ceuls qui boivent voulentiers...
Je laisse aux Ordres Mendians
Mon grant escrin (*coffre*) où il n'a (*n'y a*) riens...
Item, je laisse à l'ordre grise (*les Cisterciens*)
Ma viex braie (*vieilles chausses*) et ma viex chemise,
Et à l'ordre de Prémontré
L'esbatement (*le droit de s'ébattre*) dedans mon pré,
Puisque (*après que*) l'herbe en sera ostée...
Le Lendit (*foire annuelle du Lendit*) laisse à Saint-
Chascun ans, perpétuelment,   [Denis
Et s' (*aussi*) ai laissié pareillement
Au roi le Louvre et le Palais (*Palais de la cité*),
Et la Tour du Bois (*donjon de Vincennes*) : c'est beau
          [lays (*legs*), etc... [1]

Ses amis ne s'offensaient pas sans doute de ses boutades malicieuses. Un jour messire Jean des Marets, maître Jean Day [2], maître Simon de la Fontaine, tous trois avocats en Parlement, et personnages fort considérables, durent payer tribut à sa verve moqueuse. Ils l'avaient bien mérité ! On les attendait aux « grands jours » de Valois ; ils s'étaient abstenus de paraître. C'est qu'une épidémie était signalée à Crespy. Des Champs les félicite ironiquement de leur prudence. Ces rois du Palais dont l'éloquence se paie au poids de l'or ne sauraient prendre trop de soin de leur précieuse per-

---

[1] TARB., II, 165 ; *Man.*, 421.

[2] Son nom figure parmi ceux des membres du Conseil de tutelle auquel Charles V songeait dès l'année 1374 à confier, en cas de mort, la garde de ses enfants (*Rel. de S.-Denis*, I, Ch. VI).

sonne ; ils ne doivent point l'exposer au mauvais air qui souffle. Ils se sont si confortable-
ment établis en cette vie, qu'il serait vraiment
dommage d'en sortir avant l'heure !![1]

> Vous n'avez pas tuit trois envie
> De perdre vos rentes à vie,
> Mais de les lever longuement,
> Et je vous monstrerai comment...
> Vous fuïez corruption d'air,
> Et vous fourrez de menu vair
> Chaudement, quant le tems est frais ;
> Vous beuvez de clair vin tous trois...
> Et pour ce les physiciens
> Ne vous tenrront (*tiendront*) en leur dangier (*puissance*)
> Par sobrement boire et mangier,
> Et par fuïr l'air de Crespy
> Qui put (*pue*) et ne vaut un espy (*épi*).
> Dieu vous vueille avoir en sa garde !

Ces gens de loi si bien rentés, si bien fourrés, sont de fins gourmets ; les « lampes catervales[2] » que des Champs leur expédie de
Crespy sont de bonnes bouteilles des meilleurs
crus du Valois, précieux nectar destiné aux
libations de quelque repas de corps.

Mais n'est-il pas triste de savoir ses amis
« Messeigneurs de la Chambre des comptes »
assis autour d'une bonne table, en l'hôtel de
sire Guillaume Brunel, trésorier de France,

---

[1] *Man.*, 427, col. 1, et CRAP., XLV.
[2] Des Champs joue sur le mot « lampes catervales » ; ce sont
« vases à lamper (à boire) » dans les compagnies de buveurs.

tandis que lui, Eustache, se morfond à la
Ferté Aleps

> Où il n'a (*il n'y a*) que fromage et les (*lait*)...
> Seur vin et mauvais logement,
> Ce deuxisme jour de Novembre,
> En une rheumatique chambre ! [1].

Voilà le tour d'esprit moqueur et goguenard
de notre Champenois ; il se venge d'une décon-
venue par un bon mot, une saillie, ou même un
calembour. Un Bourguignon lui fait une
mauvaise chicane. Vivent les Bourguignons,
s'écrie-t-il ! voilà des gens qui ne sont jamais
pris de court !

> Avec les gens qui n'usent que d'un droit
> Ne fait pas bon ne séur demourer,
> Pourquoi ? pour ce que cils qui mefferoit
> Au premier coup se verroit condempner
> De son meffait ; pour ce (*je*) vueil (*veux*) séjourner
> Avecques ceuls qui sont bons compaignons
> Qui ont deux droits : ce sont les Bourgoignons,
> Dont j'ai esté un petit (*un peu*) trop affins (*cousin, ami*) ;
> Car il usent , en trestoutes saisons,
> D'un droit pour euls, et d'un pour leurs voisins [2].

Une fois, dans un voyage à la suite de la cour,
son valet le laisse à pied, emmenant les deux
chevaux. Vraiment, dit-il, il fait bon avoir un
valet qui sache reconnaître son maître

[1] *Man.*, 480.
[2] *Man.*, 366, col. 3.

Miex que n'a fait Jehan, varlet Eustace ;
Car à Nemours, sans cheval et sans lance
Laissa illec (*planta là*) son maistre li chétis (*l'imbécile*)[1].

On l'a fait châtelain de Fismes ; mais quoi ? n'aurait-on pas pu lui donner un logis où il fût possible d'être malade ?

Les corbes (*corbeaux*) font savoir
Pour certain si tost qu'il est jour ;
De fort crier font leur povoir
Li gros, li gresle, sans séjour (*repos*)...
C'est une estrange mélodie
Qui ne semble pas grand déduit
A gens qui sont en maladie ![2].

Tel nous trouvons des Champs avant l'heure du désenchantement, quand les soucis de l'ambition déçue, les tribulations de la vie de cour, le ressentiment des injustices subies, la vue des misères publiques, n'ont pas encor aigri son humeur et tourné son esprit à la satire amère.

[1] Crap., 92.
[2] Tarb., I, 54.

CHAPITRE VI

DES CHAMPS MARIÉ. — PÈRE DE FAMILLE. —
SATIRE CONTRE LES FEMMES.

Des Champs, après avoir longuement joui
des franchises du célibat, s'était décidé à se
marier, deux ou trois ans après son entrée à la
cour[1]. Eut-il lieu de s'en repentir ? libre à nous
de le supposer. Ce gentilhomme tant « assailli »
et si miraculeusement préservé de tous les
maux, un seul excepté, c'est lui-même, c'est le
pauvre Eustache, « marié en âge moyen ; » et
les griffes redoutables auxquelles il ne s'est
pas dérobé ne sont pas celles du « lion de
Syrie » mais bien, hélas ! celle de la mégère
qui ne le quitte pas,

[1] Sa fille, âgée de 17 ans en 1393, devait être née en 1376 :
elle perdit sa mère en naissant. On peut supposer son fils né
un an ou deux plus tôt, et placer la date du mariage de des
Champs vers l'année 1373.

> qui tous jours brait et crie
> Tance et maudit douce vierge Marie.

Entendez-vous ce cri de détresse :

> Beau sire Dieu, pour quoy me mariai-je ? [1]

Il y a dans ces doléances une exagération manifeste. Tout ce qu'on peut inférer de certains détails, c'est qu'il épousa une femme d'un âge déjà mûr [2], et qu'il ne s'était pas fait une juste idée des charges du mariage. La paix domestique est le prix de concessions réciproques ; et rien ne prouve que des Champs eût en partage l'indulgence et la douceur. Jeune, il ne souffrait pas la résistance ; plus âgé, il ne tolère pas la contradiction. Il s'accuse lui-même d'avoir un caractère inégal, capricieux, fantasque. C'est un digne « Chancelier des Fumeux », passant de la joie à la tristesse, de la confiance à l'abattement. Un rien le met hors des gonds : la patience est sa moindre vertu. Il aime à se sentir son maître, et la régularité monotone de la vie de ménage

---

[1] CRAP., 100.

[2]
> J'ai servi, dont je sui meschans (*mal en point*)
> Sans cueillir ne fueille ne flour,
> Vielle femme et jeunes enfans,
> Qui m'ont faite mainte langour... (*causé maint ennui*)
> (*Mon.*, 223, col. 2.)

n'est point son fait[1]. Nous laisserons donc à
sa femme le bénéfice du souvenir qu'il lui consacre, lorsque plus tard, mariant sa fille, il invite celle-ci à suivre les traces de sa mère :

> Vueilliez en bien à vo (*votre*) mère retraire (*ressembler*) [2].

Je me plais encore à citer, à la décharge des
femmes et de la sienne en particulier, ce grave
éloge d'une union bien assortie :

> Vrai Dieu, que c'est noble chose et joieuse,
> Paix et repos, à homme qui femme a
> Obéissant, douce, humble et gracieuse,
> Et qui onques son mari ne coursa (*fâcha*),
> Mais en tout tems l'honore et honoura,
> Et qui vuet tout ce que son mari vuet...
> Si louë (*je loue*) Dieu, qui à joië m'esmuet, (*me tourne*)
> Quant m'a donné si douce compaignie [3].

Il dit ailleurs :

> Qui trouveroit femme humble et débonnaire,
> De gentil cors, de gracieux maintien...
> Homs (*on*) ne pourroit miex, pour garder le sien,

---

[1]
> Il convient trop droit charier
> Qui en ménage charie ;
> Tout son bon temps faut varier (*changer*)
> Par femme qui tous jours varie,
> Une heure brait, une heure crie,
> (En ce monde n'a (*il n'y a*) tel tourment !)
> Pour un voir (*vrai*) dire cent fois ment,
> Et vuet, pour jurer (*parce qu'elle jure*), qu'on la croie...

[2] CRAP., 113.

[3] *Man.*, 215.

Faire tel sens (*chose aussi sensée*) que de prandre tel
Sire seroit, elle servant et dame... [1]   [femme.
Qui ainsi fait, il ne puet plus grant bien
Avoir de Dieu ne plus grant joie au monde [2].

Notons ce bon mouvement et sachons en gré à
des Champs. Il a besoin d'un effort pour
rendre justice aux femmes ; il ne croit guère
à leur vertu, et volontiers, comme Sganarelle,
il la placerait sous la garde de bons verroux [3].
Il confine la femme au foyer domestique ; les
devoirs qu'il lui trace sont tout de dépendance
et de soumission :

soyez po (*peu*) emparlée
A vo mari ferme et obéissant... [4]

Le vieux poète comique Susarion, tançant
toutes les femmes en souvenir des méfaits de
la sienne[5] n'est pas plus rude que notre Cham-

[1] C'est le mot d'Ovide sur Philémon et Baucis :

Nec refert dominos illic famulos ne requiras :
Tota domus duo sunt : idem parent que jubentque.
(*Met.* VIII, v. 635.)

[2] *Man.*, 436.
[3] V. l'*Ecole des maris.* A. I., Sc. 1.
[4] Il leur adresse des recommandations qui paraissent au moins
superflues :

Gardez vos corps de fol atouchement...
V. Crap., 113.

[5] Ἀκούετε λεώ. Σουσαρίων λέγει ταδε...
Κακὸν γυναῖκες,.... (*Foet. Comic. Grœc. Fragm.*
Ed. Didot.)

penois. Ses railleries coulent de source : la femme est un trouble-fête, un rabat-joie[1] ; elle rit, elle pleure, elle vous caresse, elle vous bat, au gré de sa folle humeur ; dites-vous blanc, elle dira noir par esprit de contradiction :

> Fèves voulez ; on vous donrra (*donnera*) des pois...

Quoi qu'il en soit, si des Champs fut malheureux en ménage, son martyre ne fut pas de longue durée. Resté veuf de bonne heure avec un fils en bas âge et une fille qui venait de naître[2], il se trouva seul aux prises avec les tracas de la paternité. Ici encore, si vous écoutez ses gronderies, ses plaintes, ses rodomontades, le père de famille vous semblera plus que tiède :

> Aises sont ceux qui n'ont ne fils ne fille ![3]

La belle perspective en effet! entendre pendant six ou sept ans le marmot pleurer, ne dormir que d'un œil, ne pas oser s'absenter un instant !

[1] Aussi l'appelle-on Rabat-joie... *Man.*, 452, col. 2,
[2]   Fille que j'ai, puis que (*depuis que*) vous fustes née
Orphenine de mère défaillant... (CRAP., 113).
[3] *Man.*, 264.

On n'a tous dis (*toujours*) fors (*que*) l'œil à euls [1]!

L'énfant a-t-il grandi? nouveaux soucis. Vous
en voulez faire un théologien? calculez ce qu'il
vous coûtera : six ans en grammaire, six en
logique, rue du Fouarre, sous les meilleurs
maîtres ; et ce n'est là que le premier pas. Le
grade de maître en décrets est le prix de huit
ou dix ans d'études. Si votre fils n'a ni prébendes ni canonicat, je vous plains. Comptez,
comptez toujours :

> robes d'escureux (*écureuil*),
> Housses, mantiaux fourrés de gris,
> Et de menu vair, je te dis,
> Et de fin cendal (*taffetas*) pour l'été...
> Vivres, maisons, gens et estude... [2]

Mais vous destinez le jeune homme à la carrière des lois ; vous l'envoyez étudier le droit
civil à Orléans : en voilà pour trois années au
moins. Après le droit écrit, la « pratique (procédure) » et le droit coutumier. Le futur avocat
est condamné à suivre les audiences d'un parlement, les assises d'un bailliage

> Avant qu'il ose un mot sonner (*faire entendre*).

[1] *Mir. de Mar..*, *Rub.* 22.
[2] *Ib. Rub.* 22.

Des C.

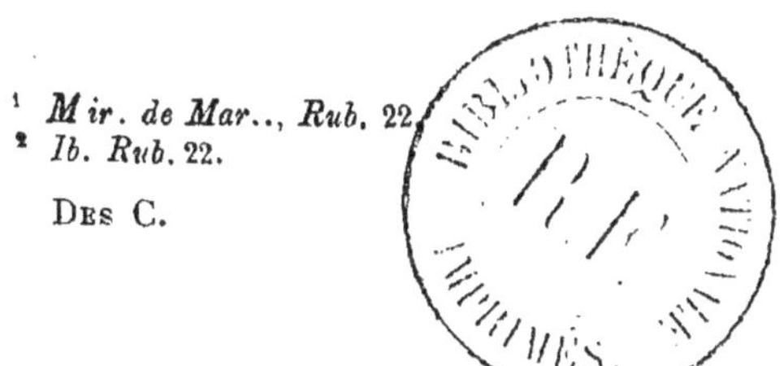

7

Que ferait en effet un légiste du seul droit
romain ? Les « guises (coutumes) » ne varient-
elles pas d'un pays à l'autre ? nouveaux frais.

> Or a cousté et cousté encores,
> Et coustera jusques alors
> Qu'il sera coustumier tenu !

Désirez-vous pour votre fils la noble profession des armes ? L'empire tyrannique de la
mode impose au jeune poursuivant d'armes
une double série d'épreuves : les tournois, les
voyages d'aventure. On publie une chevauchée
en Frise contre les vassaux du comte révoltés,
en Prusse contre les païens, en Hongrie contre
les Turcs. Le jeune homme en doit être : on
peut compter sur lui ! mais il compte, lui, sur
l'argent paternel. Et la paix n'est pas moins
ruineuse que la guerre : armure complète,
« grands chevaux richement armés et cou-
verts », costume de parade et de cérémonie,
robe de soie et de velours rehaussée de bro-
carts d'or et d'argent, l'honneur d'un chevalier
n'exige-t-il pas tout ce déploiement de magni-
ficence ? Le poète en frémit encore tandis qu'il
écrit son Miroir du Mariage.

Du reste ne comptez pas sur la reconnaissance de vos enfants. Ce fils tant choyé, si bien
pourvu,

se mariera,
Ne jamais bien ne te fera,
Ne supportera ta vieillesce,
Il vourroit dès-lors ta richesse,
Et qué tes cors feust enterrés,
Dès qu'il est de femme enerrés (*égaré*) ;
Car amour descent aux enfans
Des pères...
L'amour aux pères ne remonte
Des enfans... [1]

Tout porte à croire que ce n'est pas l'histoire de son fils que raconte ici des Champs. Il le destina d'abord à la théologie, l'envoya rue du Fouarre ; mais les bénéfices n'arrivant pas, le jeune homme embrassa la carrière plus lucrative du droit civil, et nous le voyons, vers l'année 1395, étudiant à l'Université d'Orléans. C'est ce que nous apprend une Ballade[2] passablement ironique, adressée par le père au grand dispensateur des prébendes et des canonicats, au pape lui-même. La requête ne parvint pas à son adresse ; le pape Benoît XIII

______

[1] *Mir. de Mar.*, *Rub.* 23.
[2] V. Crap., p. 104.

> Six ans (*mon fils*) a en philosophie
> A Paris en la rue (*rue du Fouarre*) esté.
> Il tent à estre habilité (*obtenir ses grades*)
> In utroque (*droit canon, droit civil*)...

Cette prétendue supplique à l'adresse du pape n'est qu'un badinage. Le vrai nom du jeune homme était Laurent. Le nom de Gillet (le fin, l'avisé), par lequel il est désigné dans la pièce, a bien l'air d'un sobriquet.

avait trop d'affaires en tête pour songer à pourvoir le jeune étudiant ; et, vers la fin du siècle, nous retrouvons le fils auprès de son père, en qualité de lieutenant-général du Bailliage de Senlis.

L'éducation d'une fille n'était pas un moindre tracas. Que de périls assiégent les jeunes filles ! La vigilance paternelle ne suffit pas toujours à les en garantir. Et puis on les élève, non pour soi, mais pour un mari qui vous les prend, en exigeant une dot. Une dot ! l'impertinent usage ! et la verve du poète se donne ici pleine licence [1]. Mais le père s'exécute, en murmurant entre ses dents :

> Qui fille a n'est pas à repos [2] !

Des Champs maria la sienne : il la dota ; il lui donna

> Terre et argent, comme père doit faire [3] ;

et le duc d'Orléans voulant, à cette occasion, témoigner « à son féal conseiller et maistre de son ostel, par grâce espécial », sa faveur et

---

[1] CRAP., III, Cf. id. 140 et 206.
[2] *Man.*, 305.
[3] CRAP., 113.

son estime, ajouta au chiffre de la dot une somme de cinq cents francs en or, « tant pour considération des bons et agréables services qu'il nous a fais, fait continuellement et espérons que fasse », est-il dit dans la cédule, « comme pour accroissement du mariage de sa fille [1] » (15 avril 1393). Il est vrai que le trésorier du prince ne montra pas un empressement bien vif à faire honneur à la signature de son maître.

Des Champs songea-t-il à contracter une nouvelle union ? on y songea peut-être pour lui. Mais il se refusa énergiquement à toutes les propositions qu'on lui fit [2] à ce sujet. Il se voit déjà remarié ; il en a la fièvre ; il s'écrie :

> Chétif dolent, es-tu bien marié ?

A quoi pensait son ami Simon Ployart, qui s'est hasardé à lui en ouvrir la bouche ? Insensé, qui se marie deux fois ! la première, c'est ignorance ; la seconde, c'est folie furieuse [3]. Quoi ! ne pouvoir plus dauber à son

---

[1] V. *Hist. litt.* XXIV, p. 200.

[2]
> Simon Ployart, très chier et bon ami,
> Au contenu en une lettre close
> Que vous avez envoiéë vers mi (*moi*),
> A toutes fins au contraire m'oppose...
> (*Man.*, 216, c. 3).

[3] *Man.*, 216.

aise sur les maris trompés, les femmes re=
vêches, les unions mal assorties! n'avoir plus
le droit de rire de Pierre Mauguin[1], un sien
ami qui disait pis que pendre des femmes,
et qui en a pris une! ne pouvoir décocher un
trait malin à cet honnête traitant du mariage,
ce « joli » chevalier, qui a épousé une vieille
de cinquante ans, riche il est vrai, et dont il est
bien sûr de n'avoir pas d'enfant[2], ni chan-
sonner Trébuchet, ce célibataire « repenti »
(renégat), qui s'est laissé prendre aux filets
d'une veuve! car il n'est plus temps pour lui
de s'en dédire :

> Or es-tu prins au trébuchet[3] ?

lui crie l'impitoyable railleur.

Pour être heureux en ménage, il faut être
sourd, il faut être aveugle[4]; la jalousie vous

---

[1]   doit bien crier et braire
Pierre Mauguin, qui blamoit mariage,
A toutes gens deffendoit femme prendre,
Que l'on voit prins, et mis en ce servage !...
                              (*Man.*, 366, c. 2).

[2] *Man.*, 228.

[3] *Man.*, 451.

[4]   Qui bien vivre vuet en son mariage,
Aveugle soit et sourd sans rien oïr,
Et se gart bien de sa femme enquérir...
                              (*Man.*, 363, col. 3).

dévore : c'est proprement le fléau du mariage[1].
Allez demander consultation à ce vieil ermite
retiré du monde :

> Compaiug, ne vueilliez marier...
> Homs qui se marië se tue ;
> Advise bien...[2]

Vous insistez :

> Si le ferai-je !

L'ermite, d'un ton bourru, vous ferme l'huis
au nez :

> Tu es fol ; pren une massue...[3] !

On ne sauve pas les gens malgré eux.

---

[1] Je me feusse marié longtems a,
Se ce ne feust une grief maladie
Que li mari encourent de pieça (*depuis longtemps*) :
Li medicin l'appellent jalousie.
Qui se marie il a mal en sa teste.
(Man., 363, col. 2).

[2] *Man.*, 452, col. 2 et 3.

[3] Crap., p. 96.

CHAPITRE VII

DES CHAMPS, POÈTE GALANT.

Cet ennemi juré des femmes paraît avoir recherché leur commerce ; et, de leur côté, les dames goûtaient ses bons contes et son esprit caustique. Il leur disait l'aventure de la nonnette d'Avenai[1], mise au couvent contre son gré[2], ou la chanson de cette fillette rieuse et

[1] Communauté de femmes dépendant du diocèse de Reims.

[2] Tarb., II, 8. V. aussi (*Man.*, 199, col. 2), un virelai sur le même sujet :

> Par ma foi, dit Robinette,
> Je fu mise trop jonette
> Nonnain en religion,
> Et pour ce profession
> Ne sera jà par moi fette.
> Du cloistre me sui retrette (*retirée*)   (*piée*)
> Où l'on doit rendre (*renfermer*) contrette (*femme estro-*
> Ou cors de male façon (*mal bâti*),
> Femme borgne ou contrefette,
> Non pas fille joliette
> Qui sait baller du talon.
> Quant je danse à la musette

folle, qui fait si bien, chez lui, les honneurs de
sa gentille personne[1]. Est-il de mauvaise
humeur? il leur sert quelque méchant compliment[2]. Il se moque de ces grands « hennins
cornus, » vraies « hures de loups, » qu'elles
se dressent sur la tête ; il pèse et la laine et le
crin employés à la confection de ce « haribour-
ras » : étrange accoutrement qu'on « dé-
trousse, » qu'on « jette en un tas » chaque
soir, et qu'on arbore chaque matin comme
une « enseigne[3], » à grand renfort de filets,
de tresses, d'épingles et de nœuds. Des
Champs n'est pas discret ; nous aurions peine
à le suivre dans toutes ces escarmouches[4] ; ce
n'est pas l'indécence de certaines modes qui le
choque : il ne proteste qu'au nom de l'art.

Mais on réclamait surtout de lui des vers
galants ; aussi, a-t-il composé, pour son
compte ou pour celui de ses amis, une foule
de ballades, lais, virelais et rondeaux d'amour.
C'était le goût du temps. Ce débordement de

Du biau Robin qui chevrette (*joue*)
Pour moi d'un si joli son,
Quan qu'il fait me semble bon ;
Si vueil (*je veux*) estre sa miette (*son amie*), etc...

[1] **V.** dans CRAP., 86 le virelai : Sui-je, sui-je, sui-je belle ! etc...
[2] CRAP., 48.
[3] ID., 127.
[4] ID., 142.

galanterie poétique commença sous Charles V;
il envahit tout sous le règne suivant. C'est
l'époque où fleurissent les devises en prose et
en vers, les déclarations alambiquées, les
fadeurs de la rhétorique amoureuse. Depuis
Froissart jusqu'aux auteurs du livre des Cent
Ballades, clercs et chevaliers, princes et courtisans, du jour où ils commencent à « sentir
la poincture amoureuse que Doux Regart, le
soutil archer, procure et envoie à gentils cou-
rages[1] », tous se croient obligés de chanter
les perfections de la dame de leur pensée. Des
Champs, même lorsqu'il eut passé l'âge, dut
payer son tribut à la mode ; nous trouvons, en
le lisant, qu'il a poussé beaucoup trop loin la
complaisance.

Bon nombre de ces poésies sont évidemment
de purs jeux d'esprit où le sentiment. n'a
aucune part. Ainsi, on met au concours un
point de controverse amoureuse ; quelle est la
profession la plus rude, celle de poursuivant
d'armes ou de servant d'amour ? Des Champs
soutient, contre Tignonville[2], que les tourments

---

[1] Le *Livre des Faits*, de BOUCICAUT, L. I., Ch. IX.

[2] Bien que le man. écrive Tymonville, nul doute qu'il ne s'a-
gisse du fameux TIGNONVILLE, dont il est question plus haut
(p. 41), comme éditeur des *Dits des Philosophes*. Il était alors
chambellan du roi Charles VI. C'était un personnage fort lettré

d'amour ne sont pas moins rudes à soutenir
que les fatigues de guerre. Nous retrouvons,
autour de l'Amant, le personnel obligé de
l'attaque et de la défense depuis Guillaume de
Lorris, Doux Regard et Bel Accueil, Honte,
Dangier, etc. Plaintes, madrigaux, brouilles,
justifications, raccommodements, tristesse du
départ, allégresse du retour, rien n'y manque,
que l'accent du cœur. C'est en vain que le
poète applique à sa dame toutes les épithètes
empruntées au vocabulaire galant, qu'il
l'appelle Fleur des Fleurs et Douce Rosée[1],
Royal Gonfanon de Beau Maintien, Trémon-
taine (étoile polaire) des Egarés[2] ; elle a beau
résumer en elle le courage de Judith, la chas-
teté de Lucrèce, la noblesse d'Hécube[3] : il
a beau multiplier les hommages, les adora-
tions, et s'écrier :

Je vueil aimer sans penséë vilaine [4],

pendant qu'elle répond :

et un poète de cour. On a de lui, à la suite du *Livre des Cent
Ballades,* une « réponse » dans laquelle il traite une question de
casuistique amoureuse assez semblable à celle où Des Champs le
fait ici intervenir.

[1] *Man.*, 146.
[2] *Ib.* 155.
[3] *Ib.* 158.
[4] *Ib.* 164.

> Certes, jamais ne quier (*je ne veux*) avoir ami,
> Se (*si*) je ne l'ai...
> Sage en ses fais, prudhommes et discret ;

dans le monde où vit des Champs, on ne croit guère à l'amour, on n'en a plus le respect[1]. Aussi, à côté d'une ou deux jolies pièces, d'un tour délicat[2], que de pièces grossières, et qui donnent une idée fâcheuse de la liberté des propos entre les deux sexes !

Des Champs lui-même tient à l'amour un peu moins qu'à l'argent. S'il suffisait, dit-il, de souhaiter pour obtenir,

> Je souhaidasse (*souhaiterais*) dame jeune et jolie
> Qui bien m'aimast, de vrai cuer et entier...

[1] Voir entre autres la pièce qui commence ainsi :
> Je vous aime. De quel amour, ami ?
>
> (*Mun.*, 272, col. 1).

[2] V. CRAP., 88, 98.

Voici en ce genre, une petite pièce qui fait songer à Marot pour la finesse aimable :

> Se (*si*) vous m'aimez et ne le m'osez dire,
> Vous n'avez pas en vous grand hardement (*hardiesse*);
> Combien qu'amour fait tout couardement (*avec timidité*),
> Plus séur est de parler que d'escrire ;
> Quant tems verrez, parlez hardiëment,
> Se vous m'aimez et ne le m'osez dire.
> Car octroier puet dame ou escondire (*éconduire*),
> Et si ce fait trop plus secrètement (*elle fait cela bien plus
> [secrètement de vive voix que*)...
> Que par escrit, selon mon sentement.
> Se vous m'aimez et ne le m'osez dire,
> Vous n'avez pas en vous grant hardement.

> Et que je peusse en un certain lieu prendre   *[ser]*.
> Tous jours cent sous, tant n'en seusse despendre, *(dépen-*
> Jour de ma vie plus ne souhaideroie [1].

Il prend avec assez de résignation ses infortunes galantes; sa dame lui a donné deux compagnons : à merveille !

> Bien faire à trois est plus grant courtoisie
> Qu'à un tout seul....

Elle a le cœur si large, si compatissant ! personne n'est refusé :

> Elle aimeroit une communauté [2] !

Le trait final est bien méchant. Mais que toute cette poésie frivole ou pédante, quand elle n'est pas grossière, ressemble peu, et pour la netteté du style, et surtout pour la délicatesse du sentiment, aux chansons d'amour du XIIIe siècle ! Hauts barons ou humbles ménestrels, que les Thibaut de Champagne et les Gace Brulé savaient mieux exprimer leurs joies ou leurs peines ! quel accent de tendresse émue dans leurs « saluts d'amour ! » quelle grâce légère jusque dans le reproche (descort) !

---

[1] *Man.*, 151.
[2] *Man.*, 209, col. 4.

La malice n'y perd pas tous ses droits ; mais l'ironie, effleurant l'objet aimé, ne va pas jusqu'à l'outrage, jusqu'à l'oubli du respect.

Le poète attitré de la galanterie quintessenciée au XIVe siècle, Guillaume de Machaut, était mort en 1377. Des Champs demande quelque part à lui succéder dans l'estime et l'amitié des dames[1]. Eût-il été capable d'imiter la constance de cet adorateur platonique de la beauté[2] ? Cela est bien douteux, pour qui connait l'humeur de notre poète[3]. Il n'entend

----

[1] CRAP., 81.

[2] V. plus haut, p. 24.

[3] Des Champs s'est fort amusé des amoureux transis, des soupirs de commande et des fadeurs de la galanterie de cour.

> Se ceuls qui ont tant (*autant*) de maux pour aimer
> Comme il diënt, en avoiënt le quint (*la cinquième partie*),
> De cent les deux n'en pourroit eschaper, (*il ne s'en sauve-
> [rait pas deux sur cent*).
> Mais en mourroit chasque jour plus de vingt.
> Li uns diënt qu'il ne font que trembler ;
> Que doux regart de male heure les print (*prit*) ;
> L'autre ne puet dormir ne (*ni*) reposer ;   [sousprint
> Le cuer lui art (*lui brûle*), puisqu' (*depuis que*) amour le
> Soudainement qu' (*sitôt que*) ardent désir lui vint
> Pour la beauté qui trop le fait doloir.
> Et l'autre muert quant il n'a son voloir ;
> Il sué sang, et ses tourmens reprouche
> En languissant ; se fait tel apparoir
> Fauls amoureux et de cuer et de bouche...
> (Man., 306, col. 1).

Et ailleurs (*Man.*, 8, col. 3) :

> Pluseurs vuelent parler d'amours,
> Et chascuns dit qu'il vuet aimer ;

rien aux « museries, » et n'aime pas les réponses évasives :

> Je ne vous sai longuement sermonner...
> Or répondez, ma dame à lië chière (*à visage découvert*) :
> M'aimerez-vous ou m'aimerez-vous mie (*point*) ?
> Je ne pui pas grant dangier (*longs refus*) endurer [1]

Il veut savoir sur-le-champ à quoi s'en tenir :

> S'elë dit ñon, tróp (*bien*) m'eu convient aler ;
> S'ele dit si, j'ai lors joië plénière.   [*terre en friche,*
> Lë plein chemin (*grande route*) vaut mieux que la bruière
> Et si aim plus lä douceur que l'ortie.

En amour, il lui faut des chemins courts et des portes ouvertes : il n'est pas de ceux qu'on envoie deux fois « cueillir la bruyère [2]. »

Aussi bien les mièvreries de la poésie galante ne sont point son fait : il n'est à l'aise que dans la satire. En raillant les femmes, il suit la pente de sa nature ; en les louant, il se conforme à l'usage.

> Mais maint homme voi (*je vois*) qui a mours (*mœurs*)
> Plus douteux (*plus inconstantes*) que n'est flot de mer...
> Leur bouche ment, leur cuer dit voir.

[1] *Man.*, 236.
[2] *Man.*, 177.

CHAPITRE VIII

La mort du roi Charles V, survenue le
16 septembre 1380, est une date néfaste dans
notre histoire : Des Champs sentit l'étendue de
cette perte pour le royaume, livré sans direction et sans pilote à tous les orages d'une
minorité. Les doléances publiques avaient
éclaté ; on réclamait, comme don de joyeux
avènement du nouveau roi, un allégement
d'impôts, dernier vœu, disait-on, et suprême
promesse du roi mourant. Les actes avaient
suivi de près : la populace déchaînée avait
pillé les hôtels des Juifs, banquiers des rois,
créanciers des seigneurs, fermiers des impôts ;

les prisons du Châtelet avaient été rompues,
les agents du fisc maltraités ou jetés à la Seine.
Le 9 novembre 1380, sous le coup de la nécessité, une ordonnance fut rendue, abolissant les
fouages, subsides et gabelles établis depuis le
temps de Philippe-le-Bel, dans toutes les terres
de la langue d'Oil. Des Champs n'avait pu
prendre au sérieux cette mesure, beaucoup
trop absolue pour n'être pas bientôt révoquée.
Il se moquait des transports d'allégresse
qu'elle avait fait naître :

> Dieu soit loué de ce bon tems !..
> De vivre au royaume de France,
> Sans paier, c'est belle ordonnance... [1]

Il ne se trompait pas ; cette félicité fut de
courte durée.

Au lieu d'un roi, le plus économe et le plus
prévoyant des princes, le royaume en avait
trois, plus cupides, plus avares, plus dédaigneux l'un que l'autre du bien public [2]. Chacun
d'eux avait ses intérêts personnels et ses visées
propres ; pas un ne songeait à combattre
l'Anglais qui, à ce moment-là même, prome-

---

[1] Tarb., I, 23. *Man.*, I, col. 2.
[2] Le duc d'Anjou, régent, les ducs de Bourgogne et de Berri.

nait ses dévastations de la Picardie à la Champagne.

Le Régent avait décrété un droit de douze deniers par livre sur toutes les marchandises vendues ; les bourgeois eux-mêmes donnèrent le signal de la résistance. Les premiers mois de l'année 1381 furent pleins d'une sourde agitation : Paris se mettait sur la défensive ; jour et nuit on fabriquait des piques et des chaînes. Les notables, mandés à Pontoise ou à Compiègne, refusaient tout subside. De toutes parts venaient de graves nouvelles : la Flandre était en feu, les Rouennais se soulevaient pour ne pas payer les taxes. Enfin,

> L'an treize cent, un avec quatre-vingt,
> Le premier jour du doubteux mois de mai [1],

l'insurrection éclata dans Paris, avec un caractère de violence et d'ensemble qu'on ne lui avait pas encore vu. Le menu peuple s'arme de maillets de fer trouvés à l'arsenal, et le pillage commence. Ce fut une panique universelle. Conseillers du roi, prévôt, évêque de Paris, tout fuit ; « chacun met en sûreté ce qu'il peut sauver [2] » ; l'idée de la résistance ne

[1] TARB., I, 56.
[2] *Rel. de S.-Denis.*

vint à personne. Un seul homme, le vieil avocat
du roi Desmarets, reste à son poste, et, par-
courant les rues, cherche à contenir la fureur
de l'émeute. Des Champs, lors des premiers
troubles, avait tenu bon ; cette fois il se sauve
« comme lièvre couard[1]. » C'est assez d'avoir
été « échaudé » une fois ;

> Chaude cavë craint cils qui a esté ars (*brûlé*)[2] ;
> Il faut ployer contre force le jonc ;

et il se contente, en fuyant, d'appeler la vengeance du roi sur la tête des « coquins. » Mais
ces coquins, de combien leur audace ne fut-
elle pas accrue par la fuite et la pusillanimité
des honnêtes gens ?

Charles VI dut faire ses premières armes
contre des sujets rebelles : au mois de février
1382, il entrait à Rouen par la brèche, en vainqueur ; avant sa venue, trois commissaires
royaux avaient pacifié la ville par l'épouvante
et les supplices. Paris était moins facile à ramener dans le devoir : le peuple restait en armes.
La noblesse irritée s'écriait qu'une alliance
s'était formée entre les communes de France

---

[1] Tarb., I, 56.
[2] Allusion à l'incendie de son domaine de Vertus par les Anglais, en septembre 1380.

et les Chaperons Blancs de Bruges et de Gand;
il fallait donc aller chercher en Flandre la
soumission des Parisiens. Voilà ce que le duc
de Bourgogne[1] n'eut pas de peine à faire entendre à son neveu. On se prépara pour la
campagne. Des Champs, en sa qualité d'huissier d'armes, accompagnait le roi.

Quels étaient, en cette rencontre, ses sentiments personnels? il n'avait jamais eu le goût
de la guerre, il en avait passé l'âge, et ne par-
tageait que dans une très-faible mesure les
préjugés et les colères de la noblesse contre les
gens des communes. Il était trop sensé pour
ne pas reconnaître que les premiers torts étaient
au comte de Flandre. Celui-ci avait marché
sur la « fourmilière [2] » et les fourmis s'étaient
mises en fureur. Louis de Mâle était un de ces
grands seigneurs besogneux et cupides, si bien
décrits par Des Champs, moitié « chiens, »
moitié « loups, [3] » qui compromettent l'avenir
à force d'abuser du présent. Ayant voulu,
comme dit notre poète, « rère » (tondre) ses

---

[1] Les Gantois avaient battu et chassé son beau-père, Louis
de Mâle, comte de Flandre.

[2]   De leur recept sont bien cent mille (*fourmis*) issus...
    Il étoit mort s'il ne s'en feust alé.
(CRAP., 190).

[3] *Man.*, 1.

moutons de trop près, il leur avait écorché le cuir. Ceux-ci avaient montré les dents, et

Le Lyon Noir, orgueilleux et felon [1],

s'était vu forcé de quitter Bruges au plus vite. Un simple « gagnon[2] » (mâtin) suffit pour lui infliger une sanglante leçon, et, sans la pitié d'une pauvre vieille, le soir de la journée de Beverhold (mai 1382), il eût passé un mauvais quart d'heure. Avis à ses pareils !

Dieu abesse (*abaisse*) les grans (*orgueilleux*) sans retarder ;
Estre humble (*bon*) doibt qui vuet sire reguer...

Des Champs le juge avec une impitoyable sévérité[3]. Il éprouvait d'ailleurs contre lui ce mouvement d'humeur dont on se défend mal en face d'un homme qui vous dérange et vient troubler votre quiétude. Cependant, notre huissier d'armes n'a pas mis le pied en Flandre qu'il se fait dans son langage, sinon

---

[1] Tarb., I, 58. Le comte de Flandre avait un lion de sable dans ses armes.

[2] Philippe d'Arteveldt.

[3] C'est au comte de Flandre que s'applique, sans nul doute, cette véhémente apostrophe :

Goupil en fait et mastin en couraige,
Lièvre au-dessous, lyon à ton dessus....
Pour quoi veux-tu les brebis et leur laine ?
(*Man.*, 38).

dans ses idées, un brusque revirement. Ce n'est plus au suzerain qu'il en veut, c'est aux vassaux révoltés. Se trouver jeté, à son âge, au sein de cette cohue qu'on nomme une armée féodale ! loger en plaine, tout huissier d'armes qu'on est, n'avoir ni abri pour soi, ni litière pour sa monture, « dans ce païs de mortier et de boue » ! c'était trop pour la patience d'un poète[1]. Il n'y tient plus ! il faut détruire Gand, cette ville maudite, racine de toute trahison. Ces Flamands

> A rébeller de tout tems sont enclins,
> Présomptueux, sans prisier une mite (*miette*)
> Leur souverain . . . [2]

Pour sûr, ils descendent en droite ligne de Judas et des Juifs ![3]

---

[1] *Man.*, 178. Un jour, pendant une marche, quatre fois de suite son cheval, en s'abattant, l'avait lancé dans une fondrière. Voici peut-être un souvenir de cette première campagne de Flandre : c'est une nuit de garde au mois de novembre.

> Puisqu'il me faut aller au guet de nuit,
> Et des Gantois attendre la bataille. . . .
> Emmi les champs, où il faut que je saille (*sorte*)
> Avec le roi, sans mantel et sans paille,
> La lance au poing, la visière levée,
> Au froid, au vent, à la pluïe qui taille,
> Pour Dieu me soit houpelande (*casaque*) donnée !
> (*Man., Ib.*)

[2] *Man.*, 5.
[3] *Man.*, 213.

La bataille de Rosebecque (9 novembre 1382) acheva de donner tort aux Gantois : vingt mille hommes, de leur côté, restaient, disait-on, couchés par terre. Des Champs exalta ce triomphe, et publia, pour ainsi dire, le bulletin d'honneur de la bataille[1]. On aimerait pourtant à croire qu'en face de ce champ de carnage il écrivait, pour les yeux du jeune vainqueur, une de ces Ballades où il prêche, d'un ton plus calme, la clémence après la victoire[2].

Il dut revenir à Paris et assister à la rentrée du roi. Les princes avaient hâte de prendre leur revanche ; les emprisonnements, les confiscations, les exécutions commencèrent. Les bourgeois payèrent pour le menu peuple, les innocents pour les coupables ; douze notables furent décapités en place de grève ou pendus aux halles, et, parmi eux, le respectable Desmarets, dont le seul crime était d'avoir voulu faire entendre aux révoltés le langage de la raison, à la cour celui de la modération. Quand on eut extorqué le dernier écu, réduit à la mendicité les plus riches familles, le roi consentit à faire

---

[1] TARB., I, 61.

[2] *Man.*, 109, col. 1 :

> Tout homme armé doibt estre par effort (*fortement*)
> Crueulx devant, piteux après victoire.

grâce. On rétablit les anciens impôts surchargés de taxes nouvelles; Paris se vit enlever son prévôt des marchands, ses échevins électifs, ses corps de métiers, ses compagnies de milice, et cette belle enceinte de murailles qui faisait son orgueil et l'admiration de des Champs[1]. Que pensa notre poète de ces cruautés? la violence de la répression empêcha-t-elle les plaintes des victimes d'arriver à ses oreilles[2]? ou sa conscience fut-elle intimidée? Nous l'ignorons; mais ni alors, ni plus tard, nous ne rencontrons sous sa plume le nom de son vieil ami Desmarets[3]. Et, quant à la révolte elle-même,

[1]
> C'est la cité sur toutes couronnée,
> Fontaine et puits de sens et de clergie,
> Sur le fleuve de Seine située...
> Mais elle est bien mieulx que ville fermée,
> Et de chasteauls de grant ancesserie (*antiquité*)...
> Riens ne se puet comparer à Paris.
>
> (CRAP., 24).

[2] V. pourtant (*Man.*, 130) la prière mise dans la bouche de Paris désarmé, avec le refrain :

> Sire, fai-moi grâce et miséricorde.

[3] Des Champs était en effet fort lié avec Desmarets et quelques autres avocats au Parlement de Paris, comme maître Jean Day, maître Simon de la Fontaine, tous personnages fort considérés du temps de Charles V, et que leur talent de parole avait menés à la fortune. Le Bailli de Valois en usait librement avec ces graves personnages, qui lui rendaient sans doute à Paris l'hospitalité qu'ils recevaient chez lui à Crespy, quand ils venaient aux « grands jours » du comté. Ils s'amusaient de sa verve, et ne s'offensaient pas de ces spirituelles « Lettres sur l'estat d'advocacion », écrites à leur adresse, où il raillait sans fiel ces heureux du monde, qui se trouvent bien de la vie, et ne sont pas pressés d'en sortir.

la gravité de l'attentat, les excès de la populace, le concert criminel qui avait semblé unir et confondre la cause des communes flamandes et celle de Paris et des bonnes villes, justifiaient assez, pour des Champs, la rigueur des supplices.

A ses yeux, comme aux yeux de tous les hommes de son temps, le droit des rois sur les sujets est absolu, imprescriptible. Les princes peuvent abuser de leur autorité, les sujets doivent la subir, même capricieuse et injuste. La tyrannie est un grand mal, car elle provoque nécessairement le soulèvement des peuples ; mais la rébellion n'en est pas moins odieuse [1]. Le chef peut faire souffrir les membres, jamais les membres ne doivent se révolter contre le chef. Demander au ciel la sagesse pour les rois, présenter à ceux-ci d'humbles remontrances, voilà le droit des peuples. Mais intervenir dans le gouvernement, comme l'avait osé faire Etienne Marcel, ce n'est pas seulement introduire la guerre civile dans l'Etat, c'est attenter à l'autorité divine, dont le pouvoir royal est une émanation.

[1] Crap.. 194.
[2] *Man.*, 129.
[3] *Man.*, Ib.

CHAPITRE IX

> Jamais n'y serai repris [1].

fredonnait gaiement le poète au retour de Rosebecque, dans un joli rondeau, son adieu à la Flandre. Il se trompait. Un an ne s'était pas écoulé que l'armée royale reprenait le chemin de la frontière. Cette fois on était au printemps [2], et des Champs put entonner sans trop de peine le refrain de son bon capitaine [3] :

---

[1] CRAP., 84.

[2] Il n'aime pas les campagnes d'hiver :

> Qui s'arme lors, il en devient gouteux,
> Car mauvais fait chevauchier sur la glace ;
> Si jambes vont, il deviendra boiteux :
> Excusez-vous, par le conseil d'Eustace. (*Man.*, 224).

[3] CRAP., 74.

Aux champs, aux champs! issez (*sortez*) de vos
Véez-ci Avril, et la douce saison   [maisons...
Que l'on se doit ordener pour la guerre...
Le tems est douls pour dormir en la plaine;
L'erbette vient pour chevauls soutenir (*nourrir*)...

Il fallait empêcher les Anglais de donner la
main aux communes flamandes et de se can-
tonner dans les places conquises. Des Champs
assista à l'un de ces grands déploiements de
forces qui, sous Charles VI, aboutirent à de si
minces résultats. Mandement avait été lancé[1],
« enjoignant à tous les vassaux en état de
porter les armes, de prendre part à l'expédition, sous peine de voir tomber le fief en
rachat. » On fut obligé, après une sorte de
revue, de renvoyer les trois quarts des
hommes incapables de servir. L'armée traînait
après elle un immense attirail de siéges, arba-
létriers, mineurs, engins de toutes sortes. Les
capitaines anglais n'attendirent pas l'attaque ;
l'armée française occupa presque sans coup
férir Bergues et Gravelines : l'ennemi avait
décampé. Il se laissa pourtant investir à Bour-
bourg. La garnison anglaise manquait de
vivres : on le savait ; un seul assaut pouvait
terminer la campagne. Mais le duc de Breta-

____

[1] *Rel. de S.-Denis*, IV.

gne, cousin du roi d'Angleterre, intervint pour obtenir aux Anglais une capitulation honorable; il fut soutenu par le duc de Berri, qui redoutait un triomphe trop complet de son frère, le duc de Bourgogne : le roi leva le siége, malgré l'avis de tous les gens de guerre[1]. Les prélats du Conseil s'en étaient mêlés, et avaient parlé d'accommodement. Des Champs exhala sa mauvaise humeur. Que viennent faire à la guerre les hommes de robe, les « gens de fourrée pelisse[2]? » à chacun sa besogne et son état ! les propositions de paix ne sont qu'un leurre ! — On le vit bien. Une trève fut conclue du mois de janvier 1384 au mois d'octobre de l'année suivante : avant l'expiration de la trève, les Anglais débarquaient à l'Ecluse, et, dès le mois de juillet, les Gantois reprenaient la place de Dam.

Une immense armée, sous la conduite du roi, vint y assiéger une poignée d'hommes. La ville avait pour se défendre de bonnes murailles, des fossés larges et profonds, et le vaillant lieutenant d'Arteveldt, François Ackermann. Le comte de Flandre reçut le roi dans

[1] *Rel. de S.-Den.*, IV, 4.
[2] CRAP., 43.

son château de Mâle ; les principaux seigneurs s'étaient dispersés dans les petites villes du voisinage ; le reste de l'armée s'en tira comme il put. Des Champs ne dort que d'un œil, ouvrant l'autre aux maraudeurs [1]. On crie à chaque instant : alarme ! au feu ! au larron ! Après une chaleur accablante, des pluies torrentielles étaient survenues, et, quand il pleut, en cet abominable pays, on ne trouve rien, ni pain, ni fourrage, ni œufs, ni volaille [2]. Des Champs maudit son étoile. C'est un désordre, une confusion, une malpropreté repoussante ; ce sont les sept plaies d'Egypte. A l'en croire, il y a pris « l'orde maladie » (la gale). Qu'on les extermine, ces Flamands ! qu'on n'en laisse pas un seul debout ! Cependant le blocus se prolongeait, les assiégés tentaient d'heureuses sorties. Des Champs s'impatiente. Que font Brun l'Ours et Grimbert le Blaireau, Isangrin le Loup, et tous ces

---

[1] *Man.*, 206.

[2]   Mauvais y fait longuement séjourner....
Et quant il pluet, on ne sait où tourner ;
Pain, vin ne vient...
En fourraige a (*il y a*) pou de foin et de vesce ;
Œufs faillent, let (*lait*), canes, coqs et gelines.
(TARB., I, 76).

valeureux champions[1] ? Qu'ils aillent forcer Renard dans Maupertuis ! ou, si c'est là un effort supérieur à leur vaillance, pourquoi sont-ils si nombreux ?

> L'exploit n'est pas à grant quantité estre.

Dam finit par se rendre : tout fut égorgé et mis à sac.

Après les dégoûts et les fatigues de la campagne, la fortune ménagea quelques compensations à des Champs. Il visita Bruxelles, ville de plaisir et de luxe, et dut s'y trouver bien, car il s'en éloigne à regret[2]. Il fut surtout l'objet de l'accueil le plus flatteur au château de Nieppe, près de Cassel. Aurait-il éprouvé, pour une des gracieuses hôtesses qu'il y rencontra[3], d'autres sentiments que ceux de la

---

[1]
> Car Bruns, li ours, atout (*avec*) sa grant bannière,
> Tybert le chat, et Grimbert le tesson,
> Et Isangrin, qui sist (*se poste*) sur la bruyère,
> Ne firent rien, fors véoir le dongon.
> (TARB., I, 77).

[2]
> Adieu, beauté, liesse, tous déliz,
> Chanter, danser, et tous esbatemens !
> Cent mille fois à vous me recommans,
> Bruxelle; adieu !...   (TARB., I, 78).

[3] Le domaine de Nieppe, avec la seigneurie de Cassel, appartenait alors à Yolande de Flandres, mère de Robert Ier, duc de Bar, un des maîtres de des Champs. Dans une autre pièce (v. TARB., II, p. 159), des Champs nomme les dames qu'il a rencontrées au château de Nieppe autour de Jeanne de Bar, fille de

gratitude? est-ce pour l'une de ces nobles dames qu'il écrivit alors la déclaration si discrète et si respectueuse que voici?

> D'où puet venir à deux cuers, en une heure,
> Qui ne se virent onques que un seul jour,   *[mente),*
> D'eux entre aimer, et que chascuns labeure *(se tour-*
> Secrètement, et est férus d'amour
> Tant que l'un d'eux ne set voië ne tour *(jusqu'à ce que*
>   *[l'un d'eux trouve moyen)*
> Comment il puist *(puisse)* son amour descouvrir
> Qui l'a fiché *(attaché)* en l'autre sans retour?
> Ainsi m'en va ; dont maintes fois souspir... [1]

La plus déraisonnable de ces entreprises folles auxquelles des Champs se trouva mêlé fut celle que Charles VI dirigea en 1388 contre le duc de Gueldres. Nos provinces payèrent encore une fois les frais de cette chevauchée. Un pays déjà pauvre se vit ruiné par la marche d'une immense armée. Le roi n'avait pas moins de deux cents chevaux pour lui et sa suite. Des Champs fait à ce propos de judicieuses réflexions. A quoi bon pareille escorte, qui donne prétexte aux rivalités, à l'indiscipline des écuyers et des « varlets? » Quel besoin pour un seul homme

Robert. Cette princesse, fort jeune encore, était le sixième enfant du duc de Bar (v. TARB., I, 137) et de Marie de France, fille de Jean le Bon.

[1] *Man.*, 168.

de tant de montures? Il n'en a qu'une à la
fois :

<blockquote>Homme ne voi chevauchier qu'un cheval [1].</blockquote>

Des Champs recueillait chemin faisant et
notait au passage les mots tombés de la bouche
des paysans[2] ; ils montrent bien l'effet d'épouvante et de haine produit par la marche d'une
armée féodale. — Quels sont ces gens d'armes
qui passent ? — Ce sont les gens de Rabat-joie
(ce sobriquet désigne le roi de France). — Et
où vont-ils ? — Dans le pays de Gueldres. —

---

[1] Que vaut avoir cent ou deux cents chevauls
Derrier son dos et en sa compaignie,
Les gens aussi? Ce ne sont que travauls,
Pompe et orgueil qui abrègent la vie,
Crueux despens ; riote (*disputes*) de maisgnie (*gens de service*)
Destruit autrui et amont et aval ;
Regnent entre euls avarice et envie :
Homme ne voi chevauchier qu'un cheval. (*Man.*, 43, c. 2).

[2] Tout metent le monde en esmai (*émoi*) ;
Tasse n'est, bourse ne courroie
Qu'ils (*les soudards*) ne visitent, bien le sai ;
Cheval, poulain, ne jument n'ai...
Ne drap, linge où l'on puist gésir (*se coucher*)...
Et si, l'un m'a voulu férir...
Quel part (*de quel côté*) vont-ils? qui les convoie (*mène*)?
Qui sont-ils? — Je te le dirai ;
C'est des gens au Roi Rabat-Joie ;
Autrement ne les nommeray ;
Il vont en Guerles (*Gueldres*)...
Voi chascun jour prendre et cueillir,
Sans paier, pots, pelles tolir (*enlever*);
Fourraige desrober (*voler, pour eux, c'est fourrager*) appelent ;
Devant leur ost font tout fuïr...   (*Man.*, 110, col. 4).

O les brigands ! Chevaux « aumaille » (gros bétail), draps de lit, robes, ils prennent tout. L'un d'eux m'a voulu battre ; je lui demandais de l'argent ! Puisse-t-il n'en pas revenir un seul[1] ! — Voilà les vœux qui accompagnaient l'expédition vers l'Allemagne.

Mais le jeune roi, qui rêvait d'Alexandre en allant conquérir Juliers, ne pouvait entendre les plaintes des paysans rançonnés, ses sujets pourtant. Sa propre armée n'était pas assurée d'avoir des vivres et de bons campements. Des Champs compare le prince en campagne à une « geline » (poule) qui couve « à grande fatigue » ses poussins, pour les garder

> Tant de huas (*milans*) comme de la froidure[2].

et il conclut :

> Donc, tous princes qui mène gens en guerre
> Semblablement son ost (*armée*) avitailler
> Et si leur doit toute seureté querre (*procurer*).

[1] Jà (*jamais*) piet (*un seul pied*) n'en puist-il retourner !
(*Man.*, 110, col. 2).

Cette locution proverbiale se retrouve dans Benoit de Sainte-More :

Quar jà n'en (*Paris et ses compagnons*) eschapast piez.
(*R. de Troie*, v. 22153).

[2] Crap., 67.

Cette ballade, qui résume les devoirs d'un vrai capitaine, est la critique la plus complète de l'incurie, de la légèreté, de la présomption du roi et des chefs de l'entreprise. Le retour fut une véritable déroute [1]. L'armée faillit se noyer dans les cours d'eau débordés, et s'engloutir dans la boue des Ardennes. Le roi revint à Reims furieux, et, de colère, congédia ses oncles [2].

Campagnes d'hiver, campagnes d'été, marches, combats, assauts et sacs de villes, des Champs avait vu de près la guerre, et ce spectacle l'avait rebuté. Témoin des pilleries des gens d'armes, il avait fait lui-même par nécessité ce que tout le monde faisait autour

---

[1] Voici un souvenir de cette retraite, pendant laquelle des Champs fut pris un jour par des routiers allemands, des mains desquels, fort heureusement, on le tira :

> Et si (*je*) ferai un grant cierge allumer
> Com pèlerin à la Vierge Marie,
> Droit à Paris, après mon retourner....
> Si Dieux et li (*elle*) vuelent sauver ma vie,
> Et que je puisse à honeur revenir
> Avec le roi, c'est ce que je désir,   [*de l'été*]
> De la duchié de Guerle, ains cest esté, (*avant la fin*
> Et eschiver d'hiver la povreté,
> Le guet de nuit et la dure froideur.
> Je voue à Dieu, se je suis retourné,
> Qu'à ma Dame donrrai (*je donnerai*) chapel de flour...
>   (*Man.*, 10, col. 1).

[2] C'était le duc de Bourgogne qui l'avait entraîné en Allemagne.

de lui. Les villes peuvent le plus souvent fermer leurs murs ; mais les bourgs, les villages, le plat pays sont livrés à la discrétion des soldats : on n'entend pas les cris des paysans. Le pillage est interdit ; les hommes d'armes doivent se contenter de leur solde [1], et payer tout ce qu'ils prennent en pays ami : ordre dérisoire ! les chefs sont les premiers à l'enfreindre. Et voilà pourtant ce qu'on appelle « quérir honeur ! »

> Dieu ! quel honeur en deshoneur tourné !
> Il se dampne qui tele guerre suit !

s'écrie le poète [2], et nous lui savons gré de son indignation.

Il a comparé bien des métiers :

> Mais, entre tous, le pire et plus pesant
> Pour ame et corps, selon m'intention, (*mon opinion*)
> Est guerroier, qui va tout destruisant :
> Guerre mener n'est que damnation.

Voilà un jugement rigoureux : il ne paraîtra pas trop sévère. Les campagnes de Flandre et d'Allemagne montrent à quel point la disci-

---

[1] *Rel. de S.-Denis*, IV.
[2] *Mar.*, 15.

pline faisait défaut dans les armées féodales. L'entreprise avortée de 1386 montre combien le sentiment de l'honneur national manquait aux chefs et aux soldats.

CHAPITRE X

S'il existait un danger visible, imminent,
c'était celui que faisaient courir au royaume les
prétentions de l'Angleterre. Le roi Charles V
avait compris l'étendue du péril, et employé à
le conjurer toutes les ressources de son esprit,
toute la fermeté de son caractère. Grâce à cette
prudence opiniâtre, qui savait à la fois attendre
et oser, il avait reconquis pied à pied les provinces que le traité de Brétigny avait placées
sous le joug de l'Angleterre. Mais son œuvre
restait inachevée : la France demeurait ouverte
à l'invasion, et les Anglais, par la possession
de Bordeaux et de Calais, de Brest et de Cherbourg, pouvaient toujours pénétrer au cœur

du royaume. Les troubles qui avaient signalé
la minorité du jeune Richard II n'avaient pas
empêché l'ennemi de reprendre l'offensive, et,
quelques mois avant sa fin, Charles V avait pu
voir les bandes anglaises, menées par le duc
de Buckingham, piller et incendier l'Ile de
France. Toutes les divisions cessaient, dès
qu'il s'agissait d'une campagne en Picardie ou
en Guyenne : on y courait comme au butin, et
le territoire français était devenu pour la noblesse anglaise l'école de la guerre. Il s'en fallait que la France présentât la même entente
contre l'étranger. La mort de Charles V rompit
le faisceau de volontés rivales que l'ascendant
de son autorité avait tenues momentanément
unies. On vit bien l'insuffisance des institutions
sur lesquelles reposait la société politique.
L'obligation féodale était encore la seule forme
d'obéissance que consentît à accepter la noblesse. C'était le roi qui faisait respecter la
France · ce n'était pas la France qu'on respec-
tait en la personne de son roi. On connaît à
cette époque la félonie, cet acte déshonorant
par lequel un vassal renie sa foi : on ne connaît pas la trahison envers le pays. On peut,
sans infamie, choisir son maître et changer de
parti. Le chevalier Guichard d'Angles, origi-

naire de Gascogne, soldat du roi Jean à
Poitiers, devient baron anglais et serviteur
d'Edouard III sans étonner personne, sans
perdre la considération qui s'attache à son
nom[1]. Les services rendus au royaume sont
comptés pour rien : du Guesclin, mis par son
maître au rang des princes du sang, fût rede-
venu, s'il eût survécu au roi, simple chevalier
breton. Il faillit arriver pis à son successeur
Olivier de Clisson.

Charles V avait essayé, mais en vain,
d'imposer aux trois ordres, séparés par l'iné-
galité des droits, l'idée d'une patrie commune
et des mêmes devoirs envers l'Etat[2]. Après
lui, chacun était retourné à son isolement, à
ses convoitises, à ses préoccupations égoïstes[3].
Un fait constant, et qui surprend toujours dans

---

[1] V. Froissart, L. I. Des Champs a consacré à ce personnage une ballade; v. Tarb., I, p. 52.

[2] V. Crap., 38 :

Les Chevaliers...
...doivent l'Eglise défendre, [veut l'attaquer)
Et le peuple, qui le vuet entreprendre, (contre quiconque
Doivent garder et maintenir en paix....
L'Eglise doit pour tous Dieu réclamer (prier)...
Le Peuple doit chascun jour labourer, (travailler)... etc.

[3] Crap., p. 150 :

Particulier (égoïste) est chascuns en son sens
Et convoiteux : vie est désordonée ;
Tout est ravi par force des puissans ;
Au bien commun n'est créature née....

ces guerres contre l'Anglais, c'est l'indifférence avec laquelle la noblesse laisse l'ennemi promener sur le sol de la France le fer et le feu. C'est que les intérêts des nobles et des vilains, paysans ou bourgeois, sont encore profondément distincts. Les derniers forment une classe à part, ou plutôt ils ne comptent pas. Quant aux nobles, combien peu se préoccupent, comme le sire de Sempy, du sort des faibles, et méritent ce bel éloge que lui décerne des Champs de s'être montré pitoyable pour la « gent menue[1] » !

C'est pourtant au sein de ces populations dédaignées et foulées que se révèle la première lueur du sentiment national. En face des villes insultées, des chaumières fumantes, des moissons dévastées, il s'est formé peu à peu une opinion qui grandit, se propage, s'impose à tous les esprits, c'est que le royaume a un ennemi irréconciliable, l'Anglais. Comme il était naturel, ce fut aux frontières, dans les parties les plus exposées, sur un sol incessamment remué par l'invasion, en Picardie, en Flandre, en Artois, que s'éveilla l'idée

----

[1] TARB., II. 26.

d'une patrie française. Les habitants de ces provinces extrêmes étaient les premières victimes de la guerre, et, si l'on traitait, leurs villes, leurs bourgs, leurs villages étaient d'abord cédés. Ainsi naît et se développe, sous l'aiguillon de la lutte, un patriotisme local, circonscrit, mais plein d'énergie et de vivacité. Le roi est loin, on ne peut compter sur son appui : chacun s'habitue à faire face au péril avec ses seules ressources. Ce qu'on voit clairement, c'est qu'il est une brèche ouverte, par laquelle l'Anglais s'élance quand il lui plaît. Rien n'est fait, tant qu'il tient en ses mains Calais. Donc, point de trèves : une paix définitive qui, avec Calais, rende à la France sa sécurité perdue ; sinon, la guerre, mais une guerre sérieuse et bien conduite. Voilà l'idée que la souffrance a révélée au bon sens populaire, et dont Eustache des Champs se fait l'organe persistant et convaincu. Et ce ne sont pas les nobles, les seigneurs, qui, chez lui, l'expriment : il en réserve l'honneur à ceux qui l'ont eue les premiers, aux gens du peuple, aux paysans, à Margot la Fileuse, à Berthelot le Laboureur, à Guichar le Brun, à Henri le Contrefait ; c'est sous les murs de Calais, dans la campagne de Guines ou de Hesdin, qu'il place le lieu de la scène[1]. Comme ces braves gens ont bien démêlé, dès l'abord, la duplicité des Anglais ! Comme ils voient clairement que cette trève signée, pour la troisième fois, à Lolinghem, en 1384, n'est qu'une duperie, un moyen de gagner du temps[2] ! Si les Anglais ont un si grand désir de conclure la paix, pourquoi refuser Calais à la France ? ils ne s'obstineraient pas à retenir la place, s'ils n'avaient en tête quelque « mal engin » (mauvaise pensée) :

> Si ce ne feust, bien le feussent rendans.

Plaisante illusion de se figurer que la Picardie sera débarrassée de leur présence après le traité ! oui, sans doute, ils la quitteront, comme ils ont quitté la Guyenne. C'est plaisir d'entendre ces honnêtes paysans réclamer pour l'honneur de la France [contre un projet de paix désastreux qui, dit-on, céderait aux Anglais plus de deux mille bourgs et châteaux en Gascogne. Le roi est « moindre d'ans » (mineur); il n'a pas le droit de céder une seule parcelle de son royaume : c'est maître Martin, un savant du village qui l'a affirmé ! — Voilà

---

[1] CRAP., 71.
[2] TARB., I, 71.

des acteurs peu relevés sans doute, leur langage est vulgaire ; mais leurs pensées sont
bien françaises, et leurs critiques vont droit au
but. — Une armée s'approche[1] : est-elle diri-
gée contre Calais? hélas! non. La place est
trop forte pour le courage des nobles. Plût au
ciel qu'on voulût une bonne fois l'attaquer ! Les
paysans donneraient de grand cœur, pour un
semblable résultat, tout ce qu'on leur prend de
force, tout, jusqu'à leur dernière « escalogne »
(échalotte).

En l'année 1386, il s'agissait de bien autre
chose que de la reprise de Calais. Treize cents
vaisseaux devaient passer le détroit, et jeter
au cœur de l'Angleterre toutes les forces du
royaume. Des Champs avait une vengeance,
pour ainsi dire personnelle, à tirer des
Anglais. Cinq ans auparavant, lors de l'invasion de la Champagne, ils avaient rencontré
Vertus sur leur chemin, détruit le château,
pillé la ville, incendié les environs. La belle
maison du poète, ses vignes, ses granges,
avaient été la proie des flammes[2]. Aussi le

---

[1] *Man.*, III.

[2]
    Se vous voulez véoir grant povreté,
    Païs destruit, et ville déserté,
    Murs ruineux et gens desconfortée,
    Droit à Vertus est la chose esprouvée...
                 (TARB., I, 40).

premier bruit de l'expédition le ravit d'enthousiasme. Voilà l'heure qu'il implorait du ciel
avec des larmes et des prières : et il entonne
son cantique de Siméon.

La pièce est connue[1] ; j'en rappellerai le
début, d'une émotion si fervente :

> J'ai tant crié com le vieil Siméon,
> Et lamenté comme fit Jérémie,
> En espérant, que la rédemption
> Voi approuchier....

Oui, c'est vraiment le rachat du royaume qui
se prépare. Qu'importe aux pauvres gens la
guerre contre les Flamands ? Que leur ont fait
ces tisserands, ces cardeurs de laine, ces dra-
piers de Bruges, de Liége et de Gand ? Mais
l'Anglais, c'est l'invasion toujours suspendue
sur leurs têtes, au Nord, au Midi, par la Bretagne et par l'Artois, par la Normandie et par
la Guyenne. Le poète va chercher jusque dans
les vieilles légendes le présage de l'extermi-
nation radicale de ces « fils de Satan ; » et la
Sibylle et Merlin, le Brut et Bède le vénérable,
lui sont garants que leur dernier jour approche. Je ne sais quel souffle lyrique a passé
dans ces vers :

____

[1] Tarb., I, 82.

> Par leur orgueil vient la dure journée
>   Dont leur prophète Merlin
> Pronostica leur dolereuse fin
> Quant il escript : « Vië perdrez et terre ;
> Lors monstreront estrangier et voisin :
> Ou (au) temps jadis estoit ci Angleterre »[1] !

N'ont-ils pas tout ce qui marque une nation du sceau de la décadence, ces violateurs de la loi divine et des lois humaines[2] ?

Voilà le rêve : le réveil dut être pénible. Au début, tout marcha à souhait. Princes, seigneurs, chevaliers et barons accouraient avec zèle au rendez-vous royal, au port de l'Ecluse. Chacun rivalisait de luxe : on comptait sur le butin pour s'indemniser[3]. L'argent n'avait manqué, ni pour le matériel de guerre, ni pour les vivres. Cependant, le roi s'attardait à célébrer les fiançailles d'une de ses sœurs avec le fils de son oncle de Berri. Il ne quitte Paris que le 5 août ; puis, comme si rien ne le pressait, il voyage à petites journées, s'arrêtant à Senlis, à Amiens, dans ses bonnes

---

[1] CRAP., 29.

[2] « La loi par vous est jà deux fois cassée » ; allusion à Wiclef et à Watt-Tyler.

[3] Il faut lire dans les historiens (*R. de S. Denis*) le détail de ces folies fastueuses, bannières de soie et d'or aux mille devises, galères richement tendues, armures magnifiques, chevaux aux superbes harnais, et la foule des écuyers, des varlets, des hommes d'armes.

villes, et ne paraît à Arras que vers la mi-sep-
tembre.[1] Cependant les immenses approvision-
nements rassemblés au début de la campagne
étaient dès longtemps gaspillés[2]. Les soldats,
« ne recevant point de paye », pillaient la
Flandre, le Vermandois, la Picardie ; les
paysans épouvantés fuyaient. C'était le tour
du duc de Berri de se faire attendre. Il n'arriva,
le 14 octobre, que pour recommencer une déli-
bération déjà cent fois ouverte[3] : est-il prudent
de s'embarquer avant d'avoir pesé toutes les
chances de l'entreprise? Sur quels points faire
porter la première attaque? Les vents sont
favorables : n'importe ; il faut attendre, sans
doute pour qu'ils deviennent contraires. Des
Champs gémit[4] : tout est livré à l'irrésolution
dans les conseils du roi. Il reconnaît avec découragement ce vice héréditaire qui déjà, du
temps de César, a perdu les Gaulois[5]. Quand
le conquérant, posté sur une hauteur, entre
Reims et Soissons, vit cette nuée de Gaulois
qui s'avançaient par le plat pays pour enve-

---

[1] *Rel. de S.-Den.*, IV.
[2] *Id.*, ib.
[3] *Id.*, ib.
[4] Tarb., I, 189.
[5] Crap., 43.

lopper le camp romain : Rassurez-vous, dit-
il à ses gens :

Françoys perdent le tems à conseiller.

En effet, les Gaulois délibèrent, au lieu d'a-
gir ; puis, à la vue de la petite armée romaine,
qui s'ébranle et descend vers eux en ordre de
bataille, ils s'étonnent,

Et au conseil véissiez chascun fuir.

Alors César :

Ceuls (ci) serout nos sers (*serfs*) ;
A conseiller sout ces Gaulois expers ;   [*exécuter*).
Mais ne sevent (*savent*) leurs consauls (*projets*) exploitier

La mauvaise volonté des nobles et des
vassaux devenait visible. Des Champs leur
lance un apologue railleur. Le lion, dit-il, « a
fait son mandement ; » il va forcer le Léopard
dans son antre [1]. En avant, loups, cerfs, alans
(chiens courants), lévriers! Ils ont bien entendu ; mais chacun « prend le train »

D'escrevice, qui en alant recule.

L'armée battit en retraite [2], ou plutôt acheva

<hr>

[1] Tarb., I, 90.
[2] *Rel. de S.-Denis*, VI.

de se débander. Le roi fit présent à son oncle
de Bourgogne de « l'immense ville en bois »
destinée à loger l'armée au débarquement.
Quelques mois ne s'étaient pas écoulés que les
Anglais venaient prendre ou brûler dans
l'Ecluse ce qui restait des treize cents vaisseaux
de la flotte, et ils trouvaient « parmi les pro-
visions, deux mille tonneaux pleins de vin[1],
qui suffirent pour longtemps aux besoins de
l'Angleterre. » La noblesse en fut pour ses
frais. « J'y renonce, s'écrie des Champs, adieu
les commans » (mandements du roi)! et il cite
le proverbe : « Echaudé craint l'eau[2]. »

Il savait maintenant à quel point les princes
étaient insensibles à l'honneur de terminer la
lutte par un grand effort : l'échec de 1386 était
une leçon. Aussi, quand il apprit, six ans plus
tard, que le roi d'Angleterre désirait la paix,
que des négociations allaient s'ouvrir à Abbeville, il accueillit cette nouvelle avec empressement. Il remercie les princes[3] ; il vante les
heureux effets de l'union projetée entre le roi
anglais et une fille de France[4] ; surtout il

---

[1] Des Champs s'est beaucoup moqué du goût des Anglais
pour nos vins (v. TARB., I, 24), et de leur intrépidité de buveurs.

[2] TARB., I, 92.

[3] TARB., II, 141.

[4] « Toute paix vint par un saint mariage ».

(TARB., I, 154).

retrace avec une éloquence émue les longues
misères des peuples. Voilà cinquante-deux ans
que dure le ravage des champs, que le paysan
se demande s'il récoltera le blé qu'il sème, et
qu'il entend le tocsin donner à chaque instant
le signal de la fuite dans les bois ou derrière
les murs des places fortes ! Notre poète n'a pas
beaucoup de pièces d'un sentiment plus grave,
d'une touche plus ferme que celle-ci :

> — Pitié, qui fait les francs cuers esmouvoir
> A charité et à miséricorde,
> Paour de Dieu que chascuns doit avoir,
> Et fin [1] par mort que nature recorde,   [raison, s'acorde [2]
> Tourment sans fin (*c'est-à-dire la pensée des châtiments éternels*),
> Que vous fassiez entre vous deux, roix, paix ;
> Peuple, clergié, noblesse, clercs et lais,
> La terre aussi qui soustient votre faix (*charge, poids*) :
> Or, faites donc leur supplication (*exaucez leur prière*).
> — Car vous povez tous deux assez savoir
> Que pour terre est née vostre discorde,
> Qui tant avez de puissance et d'avoir :   [vile et orde
> Dont (*aussi*) ve (*votre*) guerre est convoitant (*issue de convoitise*)
>   [de son côté
> Souffise-vous (*arrêtez-vous*) : ait chascuns en son ordre
> Son droit royal. D'un sang estes attraits (*extraits*) :
> Ne soiez plus de convoitise trais (*entraînés par*)
> Dont guerre sourt (*naît*) et tribulation ;
> Tous requièrent bon acort (*accord*) pour jamais :
> Or faites donc leur supplication.
> — Chascuns de vous se mete en son devoir,
> Sans ce qu'orgueil ne convoitier le morde ; ,
> Aiez les euls (*yeux*) à raison et au voir (*vérité*).
> Sans trop tirer la rigoureuse corde.

[1] C'est-à-dire *le terme fatal que la nature nous défend d'oublier.*

[2] *Demande d'un commun accord.*

DES C.   10

Laissiez aler terre ; quérez concorde,
Chascuns de vous. Trop a duré ce plais (*plaid, débat*);
Vos esperits *âmes*, en sont vers (*envers*) Dieu mellais,
Vos pères mors. peuple en destruction,
Qui supplient de modérer vos fais :
Or faites donc leur supplication.
— Et advisez (*songez*) que femme, enfants et hoirs
De vos règnes n'est nuls qui les ressorde [1];
Cent mille homme sont mors pour (*à cause de*) vo povoir,
Temple destruis, n'il n'est mal qui ne sorde (*naisse*)
Puis cinquante ans ; ville, chastel, ne borde (*maison*),
Qui par ardoir ne soit prins ne deffais,
Terre sans fruit ; on ne laboure mais (*plus*);
En pluseurs lieux n'a habitation (*il n'y a plus d'habitants*);
Ce sevent (*savent* bien Ardres. Guine et Calais :
Or faites donc leur supplication.
— Vos ancesseurs qui se voulrent (*voulurent*) mouvoir,
Sont trespassés, et pou de terre acorde (*met d'accord*)
Leurs chétis corps pourris en ce vouloir ;
Et pour ce est bon que chascuns se descorde [2]   [*serre*]:
D'entre vous deux que tel fardel (*faisceau*) ne torde (*lie*,
Soiez amis, ne croiez les mauvais,
Acordez-vous, et ceuls de vos palais (*les princes du sang*) :
Veh à celui par qui dissension
Y demourra ; mors est à tous jours mais (*à tout jamais*) :
Or faites donc leur supplication.

ENVOI :

Nobles princes, grant pitié est d'ardoir,
De gens tuer, vierges prendre et vouloir,
Pour deux hommes avoir possession (*être les maîtres*).
C'est cruauté qui vous doit remouvoir (*toucher*);
Li peuple Dieu fait ces points assavoir : [3]
Ou faites donc leur supplication. [4]

---

[1] Du verbe *ressordre*, resourdre, rejaillir, ressusciter, ici actif. *Songez qu'il n'est personne qui ressuscite les femmes, enfants, héritiers...*

[2] *Renonce à la pensée* — mot spécial à des Champs dans cet emploi.

[3] *Voilà ce que Dieu fait savoir aux peuples.*

[4] *Man.*, 311, col. 4.

La paix ! voilà ce que demandent humblement aux rois de France et d'Angleterre les pauvres peuples meurtris[1]. On voit avec étonnement les oncles des deux rois reprendre, trois ans de suite, leurs pourparlers à Abbeville : le plus profond secret enveloppe ces conciliabules. Enfin, au commencement de l'année 1396, on publie la nouvelle que les différends sont apaisés, que Richard II devient le gendre de Charles VI, et qu'une trève de vingt-huit ans a été conclue entre les deux princes. Le roi d'Angleterre garde Calais; il restitue Brest et Cherbourg. Des Champs vit la cérémonie des fiançailles, et l'entrevue des princes sous les murs d'Ardres[2]. Puis le roi Richard emmena à Calais la jeune princesse, âgée de sept ans seulement.

---

[1] *Man.*, 134.

[2] Pour la guerre j'ai veu pluseurs traictés,
Les grans trèves des deux Rois ; assemblés
Dessous Ardres leur gent et leur compaigué. . . .
(CRAP., 109).

Il n'en vit pas tant qu'il l'eût désiré, si l'on en croit la ballade ironique où il a bien l'air de se mettre lui-même en scène : TARB., I, 171.

Dont venez-vous ? — Je viens de Saint-Omer...
Je n'ai rien vu, fors le moustier de Liques (couvent entre
[*Boulogne et Calais*).

Ces espérances de paix reposaient sur une base trop fragile. L'Angleterre était bien ce peuple qu'avait décrit des Champs, « au visage d'ange, au cœur de démon [1] ». L'irritation couvait au fond des cœurs ; les violences mêmes du roi Richard provoquèrent les révoltes, et parurent légitimer les défections. Trois ans ne s'étaient pas écoulés que Richard II, surpris par son cousin le duc de Lancastre, abandonnait la couronne et bientôt la vie. Des Champs dénonce au monde ces lâches trahisons, ces attentats à la majesté royale [2]. Il ne savait pas que le premier encouragement au crime était venu du duc de Bourgogne, que, grâce à cette complicité, Henri de Lancastre avait trouvé des routes sûres pour gagner la Bretagne et traverser la mer ! Telle était à cette époque la loyauté des princes ; tel était leur respect pour les couronnes.

[1] Visaige d'ange portez ; mais la pensée
De diable est en vous...   (Crap., 30).
[2] Las ! qui vit ains (*auparavant*) si fausses traïsons...
Par toi, Henri de Lancastre, faux homs,
Faites en lui (*Richard II*) contre les drois royaulx ?
(Tarb., I, 185).

CHAPITRE XI

A son retour d'Allemagne, le roi avait an-
noncé la résolution de gouverner par lui-
même ; des Champs dut applaudir à ce dessein.
On attendait beaucoup de la bonne volonté du
jeune roi et de l'expérience des vieux conseillers de son père, rappelés par lui à la direction des affaires. Le gouvernement des oncles
avait été déplorable ; leurs caprices, leur
convoitise, leur orgueil avaient fatigué le
royaume. De toutes parts on réclamait l'abandon de ces pratiques despotiques et violentes
qui irritaient les villes et ruinaient les particuliers [1].

[1] Nul aujourd'hui ne peut règle tenir
 Ni seureté trouver en son estat... *(Man.*, 14).

Des Champs s'est plu, en maint endroit de ses œuvres, à exposer les devoirs d'un roi et les principes d'un bon gouvernement. Beaucoup de ces pièces durent être mises sous les yeux du jeune prince, et semblent destinées à son instruction. Les obligations qu'impose la royauté sont sérieuses, étendues : le prince, représentant de Dieu sur la terre [1], doit être maître de ses passions [2], éloigner de lui les méchants, s'entourer des « prud'hommes », s'aider de leurs conseils [3], permettre à la vérité d'arriver jusqu'à lui [4], régler ses dépenses sur ses revenus [5], s'interdire les guerres injustes. Sans doute il fera son apprentissage de « chevalerie »

Tant que d' smes puist avoir cognoissance [6] :

mais les vertus guerrières ne sont pas les seules qu'il devra cultiver ; il « acquerra sens et clergie. » Malheur au royaume, si la science cessait d'y être en honneur [7].

[1] « Vicaire Dieu, commis au temporel ».
[2] CRAP., 22.
[3] *Man.*, 24.
[4] CRAP., 54.
[5] Vi selon ta revenue
   Non pas plus...   (CRAP., 61).
[6] *Man.*, 253.
[7] C'est le mot fameux attribué par Christine de Pisan au roi

Des Champs put aspirer un instant au rôle
de conseiller, de modérateur de cette jeune
royauté[1]. Le roi semblait se plaire à la conversation de son huissier d'armes, et le venait
volontiers visiter à son hôtel de la rue du
Temple ; il lui avait donné, dès les premiers
jours de son règne, la châtellenie de Fismes.
Mais ce roi de vingt ans, incapable de choisir
ses amis, appartenait à quiconque était assez
habile pour captiver sa mobile humeur. Combien de fois des Champs se permit-il de le rappeler au respect de sa dignité[2] ! Un prince,
écrivait-il, doit se faire craindre, et ne pas autoriser le premier venu à l' « agrapper par la
cotte[3] ». Ce n'est pas seulement l'onction
sainte qui consacre les royautés et affermit
les couronnes, c'est la justice et la raison[4].

Charles V : « Les clercs où a sapience l'on ne puet trop honou-
rer, et, tant que sapience vivra en ce royaume, il continuera à
prospérité ; mais quant desboutée y sera, il décherra. » (Part.
III, Ch. XII).

[1]   Créez (*croyez*) conseil qui bon le vous dourra
          Des anciens...

                                    (CRAP., 148).

[2] *Man.*, 6.
[3] CRAP., 4.   [doutance,
[4] Tu (*le poète s'adresse au royaume*) as duré et durras saus
    Tant com raison de toi sera amée,
    Autrement non : fai donc à la balance
    Justice en toi, et que bien soit gardée...

                                    (CRAP., 47).

Les qualités mêmes du jeune roi se tournaient en vices ; il donnait sans compter, avec une profusion irréfléchie ; quand il n'avait plus d'or, il créait des offices [1]. D'autres défauts plus graves ne tardèrent pas à éclater. Incapable d'application, en proie à une sorte de fièvre qui ne permettait de repos ni à son esprit ni à son corps, le roi échappe à ses conseillers, à ses ministres. Après les émotions de la guerre, il lui faut le tumulte de la chasse, des festins, des bals, des orgies. La vieille basilique de Saint-Denis devient le théâtre à la fois de ses dévotions et de ses plaisirs. Les carrousels [2] de l'année 1389 se terminèrent par une solennité religieuse, le service funèbre de du Guesclin, mort depuis neuf ans. A cette occasion, des Champs composa le « Lay du très-bon connétable du Guesclin [3]. » On y rencontre d'heureux traits ; mais cette sorte de

---

[1]   Trop d'officiers en surcroit   [croix...
Ferons tant, que n'arons pas (*que nous n'aurons plus d'argent*)
Restraignous : si ferons que sage.

(*Man.*, 244).

[2]   On peut lire dans des Champs (CRAP., 74) l'annonce et le programme de ces joûtes annoncées à son de trompe jusqu'en Angleterre et en Italie ; tous les chevaliers de la chrétienté y étaient convoqués ; des Champs décrit en véritable historiographe de la cour les magnificences du tournoi.

(CRAP., 80)

[3]   CRAP., 150.

complainte mise dans la bouche d'un personnage allégorique, qui paraît être la Nature, n'a pas la mâle simplicité de la ballade [1] écrite au lendemain de la mort du Connétable, quand le royaume portait encore le deuil du rude et brave soldat,

> Vainqueur de gens et conquéreur de terres,

qui l'avait si utilement et si glorieusement servi.

Avec le roi, on devait toujours se tenir prêt à quelque nouvelle chevauchée. Il est à Melun pour le mariage de son frère le duc de Touraine ; à Paris, pour l'entrée solennelle de la reine Isabelle et de la nouvelle duchesse, Valentine de Milan ; à Montpellier, où l'on juge le trésorier Bétizac ; puis il revient à Paris à franc étrier : c'est une gageure entre son frère et lui. Des Champs, qui n'était pas du voyage en Languedoc, ne comprenait rien à ces mouvements désordonnés ; les jugeant peu conformes à la dignité d'un prince, il conta l'apologue du Cerf qui défie le Limaçon [2] à la course, leçon peu déguisée, car le cerf était

---

[1] CRAP., 27.
[2] TARB., I, 110.

un des emblèmes du roi. Il dut s'apercevoir que ses remontrances n'étaient plus de saison : peut-être fut-il invité durement à se taire [1]. La cour était déjà une mer orageuse, semée d'écueils, et des Champs n'était pas né courtisan, « curial », comme on disait alors. Il n'était pas homme à aliéner sa liberté tout entière ; il consentait à donner son temps au x princes, mais prétendait rester maître de sa pensée et de sa parole. Ce besoin de sincérité tenait aux qualités mêmes de sa nature ; il exigeait la probité dans les actes [2], la franchise dans les sentiments :

> Ait toujours hom bonnes mains, bonne bouche [3].

Voilà un de ses adages. Il se soucie médiocrement de plaire, mais beaucoup d'être utile [4].

---

[1]
> As trop bien dit ; or te tai (*tais-toi*) malheureux !
> L'on het partout raison, droit et justice.
>   (Tarb., I, 112).

[2] *Man.*, 28.

[3] *Man.*, 284.

[4]
> Ceuls qui aiment leur naturel seigneur
> Et qui servent autrui com mercenaire,
> Doivent aimer leur bien et leur honeur, (*celui de leurs maîtres*)
>   [faire,
> Et euls garder (*garder leurs maîtres*) de tout tems de mes
>   [exemples tels)
> Et devant euls montrer tel exemplaire (*leur donner des*
> Qu'on ne les (*les serviteurs*) puist de leur vice reprendre,
> Et qu'on ne puist exemple de mal prendre
> En leur estat (*manière de vivre*), en parole n'en fait ;

Le conseiller loyal est comme le bon médecin :
il tranche dans le vif pour attaquer la plaie [1].
Cette loyauté manque de souplesse [2]. Nul doute
qu'avec Charles V, des Champs n'eût fait une
fortune, sinon plus rapide, au moins plus sûre.
Sous un prince d'une raison saine et mûri par
les épreuves, les sages conseils sont accueillis,
car ils répondent à la sagesse du prince ; sous
des princes légers et frivoles ils échouent, car
ils se heurtent presque toujours à un caprice,
ou contrarient une secrète passion. On n'aime
pas à voir autour de soi ces mines maussades
et renfrognées : on veut de jeunes courtisans,
beaux parleurs, passés maîtres en l'art de
« jouer du flageolet [3] », prêts à excuser d'avance

> Tel *(tel est exact)* se doivent tous bons serviteurs rendre :
> Sages est cils qui tel service fait.
>
> *(Man.*, 284, col. 3.

[1] TARB., 1, 67.

[2] Tout homme, fût-il prince, qui trahit sa parole, mérite
qu'on le fuie. Il le dit au roi lui-même :

> Faire semblant d'une chose vouloir,
> Et en arrière ordener le contraire,
> Ne fait mië les cuers des gens avoir,
> Ainçois *(au contraire)* les fait de vrai amour retraire.
> Dire une chose, et puis une autre faire,
> A bouche et cuer n'est pas bien concordable :
> *(ne permet guère de mettre d'accord la bouche et le cœur)*
> En tout tems doit estre homme véritable.
>
> *(Man.*, 21).

[3] CRAP., 123.

toutes les folies, parce qu'ils y trouvent leur compte.

La cour avait changé depuis Charles V d'aspect et de maximes. Les « prud'hommes » sont mis à l'écart,

Les jeunes fols élevés en hautesse [1] ;

la moralité s'en va avec la bonne éducation : tout ce monde « se desvoie [2] », et semble pris de vertige. Jurer bien fort, « renier » Dieu et les saints à tout propos, c'est le bon ton. La vie des courtisans est une énigme : on dirait qu'ils prennent à tâche de tuer leur corps [3]. Ils font de la nuit le jour, et se lèvent pour dîner. La tête lourde, l'estomac appesanti, ils montent à cheval, galopant droit devant eux « et amont et aval [4], » en quête de divertissements bruyants et violents, joûtes, bouhourts (chocs à cheval), jeux de paume ; puis le bal les rappelle, et le jeu, et l'orgie ; ils courent « rebanqueter [5], » et « engloutir à leurs deux mains, sans raison, vins et viandes [6] ». Ils se sont levés pour

[1] *Man.*, 6.
[2]   Car le tems est que chascuns se desvoie
      Par le deffaut de vraïe cognoissance...   (*Man.*, 6).
[3] CRAP., 53.
[4] TARB., I, 127.
[5] CRAP., 53.
[6] *Man.*, 297.

boire : ils se couchent quand ils sont ivres.

Des Champs se sent dépaysé à la cour : on y cultive tous les vices dont il a horreur : qui « jingle » (calomnie), qui fait le fanfaron, et « se fourre » magnifiquement, est assuré d'y réussir[1].

> Si ce tems tient, je deviendrai hermite[2],

s'écrie-t-il ; comme un nouveau Timon, comme Alceste, il ira

> Quérir lieu désert pour demeurer.

Que de fermes propos de retraite semblables à celui-ci !

> Puisque je voi que servir longuement   [appréciés),
> Et faire bien n'ont pas de cognoissance (ne sont pas
> Que promesse muë soudainement,
> Et que vouloir (caprice) fait nouvelle ordonnance
> Sans regarder qui a foit mal ou bien,
> Que li bons pert (périt) et li chétis (méchant) s'advance,
> Je ne vueil plus fors que vivre du mien... [3]

D'autres fois, il s'exhorte à la patience :

---

[1]
> On tient vaillans qui se set bel armer...
> Honourés est qui amasse finance...
> Sage est tenu qui se set bel fourrer.
>
> (*Man.*, 305).

[2] *Man.*, 2.

[3] *Man.*, 13.

Il faut prendre le tems si comme il est [1].

Il forcera même sa nature jusqu'à l'imitation :

> Faire convient o (*avec*) les pors le pourcel...
> O les corbauls font faire le corbel...
> O les renars renarder ensement... [2].

D'ailleurs, à quoi bon prêcher? c'est vouloir
« prendre les asnes à la glu », c'est « battre
l'eau avec un pilon », c'est labourer un champ
« avec ses ongles ».

> Veus-tu faire (*rendre*) les loups innocens,
> Et que les eufs soiënt veius ?
> Veus-tu les petis faire graes,
> Et les sages des malotrus... ?
> Autant vaut le vent d'un souff et [3]
> On l'oit (*entend*) bien : c'est tout...

Il s'aperçoit qu'on l'écoute avec moins de
patience : on commence à lui faire un crime de
la liberté de ses propos [4]. On cherche à le des-
servir. Sa fortune, si modeste qu'elle soit, a
éveillé l'envie. Il répond aux jaloux [5] :

---

[1] *Man.*, 12.

[2] *Man.*, 22.

[3] « Chantez à l'asne, il vous fera des pets » dit-il ailleurs.
(*Man.*, 23).

[4] Aucun dient que je sui trop hardi,
Et que je parle un peu trop largement...
(*Man.*, 196).

[5] *Man.*, 196.

> Ne vous chaille de ma vie...
> Mon bien ne vous gêne mie,
> Ni mon sens ni ma folie
> N' amenrit (*amoindrit*) vostre valour (*votre capacité*) ;

et il lance quelque vive satire contre les modes ridicules de la jeune cour[1], ces « surcots » bigarrés[2], ces longues manches « à chalumeaux », qui pendent à terre, ces hauts-de-chausses collants, ces souliers à bec, ces chaperons tailladés et rabattus jusqu'aux talons[3]. Croient-ils valoir mieux que leurs pères, ces beaux damoiseaux, ces jolis servants d'amour[4], dont la prouesse consiste à se tenir « fermes en selle[5] » et à « bien faire de la lance[6] » ?

L'irritation de des Champs est d'autant plus vive qu'il est lui-même peu satisfait de sa fortune. Il se plaint des volontés changeantes des princes, de leur ingratitude, de leur manque de foi. Il déplore amèrement l'inutilité de ses peines. Tous ont fait leur cueillette dans le « verger » royal[7] : seul il reste les mains vides.

[1] Tarb., I, 139.
[2] Ib., ib.
[3] Crap., 106.
[4] Crap., 81.
[5] Ib., ib.
[6] Ib., ib.
[7] Tarb., I, 124.

Et quelle existence que la sienne[1] ! Se coucher tard et se lever tôt, subir tous les caprices, s'humilier devant le « félon » qu'on méprise, faire bonne mine à des gens qu'on déteste, voilà le lot d'un « officier » à la cour[2] ! Aussi, quel profond dégoût, quelle intensité de mépris et de haine dans les vers qui suivent !

> Dix et sept ans ai au Satan servi[3],
> Au monde aussi et à la char pourrie,

[1] Il ne la conseille à persoune :
> Ne doit chaloir à homme qui sens a
> Et qui set art *(un métier)*, d'estat royal suïr *(suivre)* ;
> Car li riches com le povres mourra,   [*maître*).
> Et si *(aussi)* fait bon sa franchise ensuïr *(vivre son*
> Qui sert à court, il ne fait que fuïr
> Puis ça puis là, et vit à grant dangier :
> Il fait trop bon son pain en paix mangier...
>   (*Man.*, 208, c. 3).

[2]   — Cils qui ait set, par jour *(chaque jour)*, en ouvrera ;
>   [*vivre*) ;
> Qui *(instruit)* sages est, son sens le doit chevir *(faire*
> Se *(si)* il a propre *(du bien à lui)*, il s'en gouvernera ;
> Et chascuns d'euls se pourra enrichir
> Sans graut péchié, reposer et dormir   [changier,
> Quant nuit sera, sans son estat *(son train de vie)*
> Et sans débat ; pour ce vueil *(je veux)* soustenir :
> Il fait trop bon son pain en paix mangier.
> — S'il vit à court, sa vie abrègera ;
> Car comme serf faut aler et venir,
> Matin lever et trop tart se couchier,
> Et si le faut parjurer et mentir,
> Traïr derrière, et pardevant blandir,
> Estre flateur, traïstre, losengier *(insulteur)* ;
> Pour ce conclu, et pui bien maintenir :
> Il fait trop bon son pain en paix mangier.
>   (*Man.*, 208, c. 3. V. aussi CRAP., 45).

[3] 1372-1389.

> Oublié Dieu, et mon cors asservi
> A celle court, de tout vice nourrie [1]...

L'âme se ruine dans cet « enfer », après le corps. C'en est fait ; il n'en veut plus :

> Adieu, court, je te laisse,
> Trop m'a tenu;

Quand il écrivait ces lignes, il venait sans doute de recevoir sa nomination au Bailliage de Senlis, février 1388 (1389). Il faut suivre des Champs dans ces nouvelles fonctions qui, sans l'éloigner absolument de la cour, rendaient pourtant ses absences plus prolongées et plus fréquentes.

[1] Chap. 16.

CHAPITRE XII

DES CHAMPS CHATELAIN DE FISMES ET BAILLI
DE SENLIS.

Des Champs avait reçu du roi, vers le milieu de l'année 1381 [1],

> la garde et gouvernance
> De Fismes, pour sa demourance [2].

C'était une compensation à la ruine de son
manoir de Vertus, brûlé par les Anglais. La
tour de Fismes dominait le cours de la Vesle,
à la limite de la Champagne, tout près des

---

[1] CRAP., 124.

[2] Ce qu'il y eut de piquant, en cette rencontre, c'est que la
place était occupée ; il lui fallut prendre d'assaut la vieille forteresse. Un nommé Jean de Petit Seyne lui en disputait l'entrée :
des Champs lui interdit à son tour « l'huis » de la chambre du
roi. Maître Jehan, remis en possession par le Parlement, ne put
triompher de la volonté formelle du roi, et des Champs l'emporta
définitivement. (V. TARB., préface.)

frontières de l'Ile de France. On sait ce qu'était au moyen âge une châtellenie. Il y avait place, dans l'étendue des bailliages royaux, pour une foule de circonscriptions moindres, dans le ressort desquelles se mouvaient les juridictions ecclésiastiques, les franchises locales, et ce qui restait des priviléges féodaux. Comme Châtelain et Gouverneur, des Champs exerçait les droits de basse justice, était chargé de la police, prononçait au civil, sur les affaires de faible importance, et rendait des arrêts exécutoires sauf appel au tribunal du bailli.

L'entretien de la forteresse était à ses frais[1]. Or il ne semble pas que son prédécesseur se fût montré fort scrupuleux sur ce point. Une amusante ballade nous décrit le délabrement de la tour,

> Vielle de murs, veuve de chastelain [2],

et ce donjon pittoresque et incommode, où le vent s'engouffre, où l'on ne saurait fermer l'œil, tant les croassements des corbeaux y font rage,

[1] CRAP., 127.
[2] TARB., I, 53.

sans parler des inconvénients ordinaires d'un séjour humide et sombre[1].

C'était là tout au plus une résidence d'été pour des Champs. Il est vrai qu'il y mit bon ordre; à peine installé, il répare les brèches, relève les murs qui croulent, et fait si bien qu'il peut recevoir Charles VI à son retour d'Allemagne. Des Champs conserva peut-être sa vie durant la jouissance de l'antique donjon: nous le voyons encore, au mois d'octobre de l'année 1400, dater de Fismes une pièce burlesque, les Statuts de la Foire aux Jingleurs (conteurs de bourdes)[2].

Les lettres patentes qui instituent des Champs bailli de Senlis portent la date du 5 février 1388 (1389). Le bailliage de Senlis était l'un des plus considérables de l'Ile de France, car il comprenait le comté de Clermont en Beauvoisis, les territoires de Senlis, de Compiègne, de Creil, de Pontoise, de Chaumont, de Beaumont sur Oise, et de Chambly.

---

[1] De dormir n'y a sauf conduit :
Puces font là dure escramie (*escrime, assaut*).
(TARB., I, 53).

[2] C'est la pièce qui commence ainsi :

Le prince de haute éloquence
Et de parler en abondance...
(*Man.*, 414).

Nombre de prévôtés et de châtellenies ressortissaient au tribunal du bailli. Le Parlement de Paris avait seul une juridiction supérieure à la sienne. Sa fonction ordinaire et principale était de présider les assises qui s'ouvraient, tous les deux mois, au chef-lieu du bailliage ou dans un des siéges du ressort.

Ses devoirs de magistrat entraînaient des Champs dans un monde nouveau, moins séduisant que l'autre, le monde de la chicane, clercs, sergents, procureurs, justiciables de tout état et de toute condition. A l'en croire, les premiers moments furent pénibles, et c'est aux dames qu'il confie ses peines :

> Depuis le jour que des dames parti (*je me séparai*),
> Et que je fu bouté en bailliaige,
> Joië, déduit n'eu, ne joyeux parti,
> Bien ne douceur, fors que doleur et raige,
> Matin lever, contrefaire le saige,
> Oïr plaidier et rendre jugement,
> Séoir tous dis et escouter les gens ;
> Là sui planté, comme idole de terre.
> Aiez pitié, dames, de mes tourmens :
> Pour l'amour Dieu, envoiez-moi requerre [1].

Donnons-nous le plaisir de suivre notre bailli dans l'exercice de ses fonctions. Lisons d'abord ses impressions de voyage. Une

---

[1] *Man.*, 273.

partie de son domaine lui plait tout particulièrement : c'est le Vexin et sa capitale.
Jolie résidence que Pontoise [1], avec sa char-
mante promenade au bord de l'eau, rendez-vous de la belle société du pays ! Et Compiègne, avec ce vieux château

qui se lance
Dessus Aisne, près le pont du rivage [2] !

Mais pourquoi dix « plaids » (tribunaux),
en comptant celui du bailli, dans la ville et sa
banlieue ? Cela rend les gens processifs et
chicaniers. N'ont-ils pas eu l'audace de contes-
ter au nouveau bailli la prestation de bois que la
commune de Compiègne doit au « seigneur
chastelain ? » Or à qui, je vous prie, ce titre
appartient-il, si ce n'est au premier magistrat
du bailliage, ayant « hostel, estat et ménage »
au « chastel royal [3] ? » Ce n'est pas la seule

----

[1]
[sance,
Vous qui aimez honeur (*belles manières*), desduit, plai-
Et qui voulez vivre joieusement,
Vous ne pouvez plus bel esbatement
Trover en lieu ne en place du monde,
Hors Pontoise...
(TARB., II, 12).

[2] TARB , III, 13.

[3] *Man.*, 234. Une moitié de la ville de Compiègne était com-
prise dans la prévôté de Pierrefonds. C'était peut-être le prévôt
de Pierrefonds qui réclamait, comme résidant lui-même à Compiègne, la fourniture de bois dont il est ici question.

contestation de des Champs avec les communes
de son ressort. Ces bourgeois défendent leurs
intérêts pied à pied, et des Champs, tout bailli
qu'il est, se voit un jour forcé de présenter
requête à « ceux de Senlis. » Deux pots de
vin, Messieurs, par journée d'assises, qu'est-
ce que cela ? Allez, allez,

> Les clercs, et ceux de la cuisine

en avaleraient bien d'autres ! les gros vaisseaux
ne sont pas pour les effrayer ; ce sont gens

> Qui font bien du setier chopine [1] !

Le talent d'observation de notre poète trouvait
à s'exercer dans ce nouveau milieu. Est-ce là
qu'il a rencontré l'original de l'avocat Trubert
et de son client Antroignart [2] ? Il se montre
lui-même à nous sous les traits de Bailli Justicier, faisant exécuter les ordonnances contre
les pillards, routiers, vagabonds, pris en fla-
grant délit. L'instruction ne languissait pas
entre les mains d'un pareil juge — Qui es-tu ?
parle. — Monseigneur, je suis savetier de mon
état ; j'ai voulu faire l'homme d'armes ; j'ai

---

[1] CHAP., 131.
[2] V. ci-dessous, Ch. XIX.

pillé, et j'ai grand'peur d'être pendu [1]. — C'es
bon! qu'on lui « baille l'ordre du collier » (l
corde) [2] !

Voici un autre coquin, pris d'un remord
subit, parce qu'il entend dire que le pays foi-
sonne de baillis et de prévôts en tournée. Il se
fera « barbier de bois » (bûcheron) ; c'est plus
sûr. Mais quoi ! du noble rang d' « écuyer »
(homme d'armes), tomber à celui de « garçon »
(ouvrier, manœuvre), c'est bien rude ! Pendant qu'il se consulte, il aperçoit au loin des
gens à certaine encolure. — Courons les joindre, dit-il à son compagnon, ce sont des pillards. — Point! dit l'autre, ce sont des sergents. -- « Billons du pied » (détalons), et vite!
— Mais ils ont beau courir, ajoute le narrateur, on saura bien les rattraper :

Qui fuit toujours trouve bien qui le chasse [3] !

Des Champs n'était pas homme à laisser la
prévarication s'introduire au tribunal du juge.
Elle s'y glissait parfois, si nous en croyons
certaine scène à trois personnages, ainsi présentée par notre poète :

[1] *Man.*, 235.
[2] TARB., I, 159.
[3] *Man.*, 235.

Sergent, prenez-moi ce larron,

dit un prévôt. Mais le larron a mis cent francs
dans la main du juge, en s'écriant : Je suis
« prud'homme » (honnête homme et innocent)!
· C'est vrai, dit l'autre :

> Sergent, relargissez l'entrée (*rouvrez la porte*),
> J'estoië (*j'étais*) trop (*très*) mal informé...

— Mais, dit le sergent, qui me paiera, moi ?
— Voilà dix sous. — Vraiment, c'est peu !

> [*chiche et bourreau*).
> Vo bourse est devenue happart (*mot à deux sens :*
> Puis (*depuis que*) que les larrons y pendez [1]...

C'est de la province aussi, n'en doutez pas,
que viennent en droite ligne ces tableaux d'intérieur dont le poète a enrichi plus tard son
Miroir du Mariage. Ces femmes qui ont le ton
si aigre et le verbe si haut ne sont pas des
grandes dames ; ce sont de riches bourgeoises,
possédant tous les travers de leur condition,
entés sur la morgue provinciale. Des Champs
les a suivies au marché, dans les boutiques,
aux bals, aux fêtes publiques, au théâtre, aux
enterrements, aux rendez-vous d'amour, aux

---

[1] *Man.*, 236.

« pardons » (pèlerinages), à l'église et au moutier, notant les gestes, les attitudes, les poses obligées du savoir-vivre, l'assaut des politesses dans la rue, devant « l'hostel » (la maison), à l'offrande, à la « paix[1] » (baiser de la patène), les comédies d'humilité, la fureur des amours-propres blessés. Il ne pouvait manquer de si bonnes occasions de voir, d'entendre et de peindre, et prenait, lui aussi, son bien où il le trouvait.

Mais, après l'avoir considéré dans la gravité de ses fonctions judiciaires et dans l'éclat de sa plus haute dignité, voyons-le administrant

---

[1]
> « Non ferai (*je n'en ferai rien*), Jésus-Christ m'en   [gart !
> Portez (*la paix, la patène*) à Madame Ermengart »
> « Dame, prenez » — « Sainte-Marie !
> Portez la paix à la Baillie ».
> — « Non ; mais à la Gouverneresse... »

C'est à qui ne commencera pas. Voici la contre-partie : les injures pleuvent sur l'innocente qui n'a pas su faire tant de cérémonies :

> « Regardez la méchant chétive,
> Qui n'a pas vaillant une drame (*drachme*),
> Et a pris devant ceste dame
> La paix et ceste demoiselle !...
>   [vient ;
> Il part bien (*il paraît, on voit*) où elle a esté (*d'où elle*
> Elle a encore peu cousté
>   [monstre...
> Pour savoir honeur (*apprendre la politesse*), bien le
>   (*M. de Mar.*, Rub. 35).

sa fortune personnelle, et livré à ses préoccupations de « ménagier ». Nous entendrons
d'amères doléances. Des Champs eut le privilége d'être bien avec plusieurs princes, et fort
mal avec leurs trésoriers. C'est un côté inté-
ressant de son caractère et de sa destinée.

CHAPITRE XIII

DES CHAMPS « MÉNAGIER »; SA FORTUNE; SES
GAGES ; SATIRES CONTRE LES GENS DE FINANCES.

Jeune, des Champs avait dépensé sans
compter : les années le rendirent économe.
Permis à Froissart, qui chevauche avec tant
d'insouciance d'un pays à l'autre et trouve
toujours ouverte la bourse des princes, de
railler gaiement le dernier florin qui n'a pas
eu l'esprit de s'enfuir avec les autres[1]. Ses
écus ont comme lui l'humeur vagabonde; ils
délogent sans dire où ils vont, « lance sur
fautre (sur la selle), » en vrais chercheurs
d'aventures. Ils reviendront comme ils sont
partis.

Maître Eustache n'est pas né sous une si

---

[1] V. Le *Dict du Florin*.

heureuse étoile. Il n'est pas de ceux chez qui l'or élise volontiers domicile. Ecoutez cette piquante boutade :

> Si tuit li ciel estoit de fueilles d'or,
> . Et li air feust estellé (*étoilé*) d'argent fin,
> Et tuit li vent feussent pleins de trésor,
> Et les gouttes feussent toutes florin
> D'eauë de mer, et pleust (*qu'il plût*) soir et matin
> Richesces, biens, honeur, joyaux, argent,
> Tant que remplie en feust toute la gent,
> La terre aussi en feust mouilléë toute,   [vent,
> Et feusse nuz (*qu'il y eût nuée*) de tel pluie et tel
> Jà (*jamais*) sur mon cors n'en cherroit une goutte [1] !

Un jour on le complimente sur sa fortune et sur la figure qu'il fait chez les princes ; il se récrie :

> Chascuns me dit que je sui grant,
> Et que je fai bien le seigneur...
> Je sui de paupere regno [2] !

Beaucoup dépenser, gagner peu, vivre au jour le jour, voilà sa vie.

Il possédait cependant un patrimoine assez considérable : outre le domaine de Vertus [3], qui

---

[1] *Man.*, 241.

[2] *Man.*, 223.

[3] Toutes ces terres étaient affermées. A une certaine époque, il essaya de les exploiter lui-même, dans l'espoir sans doute d'augmenter son revenu. Il y renonça, trouvant trop difficile la surveillance d'un nombreux personnel :

>   [*tout pays*)
> A nobles, chevaliers errans, (*qui vont guerroyer par*

semble avoir été sa meilleure et sa principale
terre, il avait fait l'acquisition d'une terre
à Givry et d'une autre à Barbonval[1]. Ses folies
de jeunesse n'avaient donc pas entamé d'une
façon trop sensible son patrimoine; tout au
moins n'avait-il pas

> Mangé le fonds avec le revenu.

Des Champs, depuis qu'il servait les princes,
faisait deux parts de son temps : huit mois de
l'année étaient consacrés à ses fonctions, les
quatre autres, à ses affaires[2]; il allait, chaque saison, surveiller ses vendanges ou « en-
grangier » ses blés[3]. Etant de ceux qui songent

Chanoines, gens sans mariage (*célibataires*),
A officiers (et marchans *atta chés au service d'un prince
[ou d'un grand*),
Justiciers, conseillers, l'ouvrage (*le soin, le souci*)
De faire tenir labourage (*. . . faire valoir eux-mêmes*)
Défend Eustaces, pour les (*à cause des*) frais,
Les despens, et pour la desserte (*salaire*)
Des serviteurs, qui sont mauvais, etc...
(*Man.*, 363, c. 3).

[1] Le roi Charles V avait autorisé les bourgeois à acquérir des
fiefs : Givry, situé sur territoire de Vertus, était une terre de
franc alleu. Barbonval est situé sur les bords de la Vesle, à
quelque distance de Fismes. Des Champs s'intitulait seigneur
de Barbonval.

[2] *Man.*, 209.

[3] TARB., I, 125.

au lendemain, il s'était de bonne heure pourvu
d'un « réceptement » (refuge)[1],

> Pour aler quant la cour faudra (*fera défaut*) :

et il donne aux serviteurs des princes le
conseil

> D'avoir à court un piet hors et l'autre ens[2] (*dedans*).

Cette prévoyance, fort sage en tout temps,
était nécessaire sous un prince comme Charles
VI. Des Champs, en sa qualité d'huissier d'armes, avait suivi le roi dans ses campagnes.
C'était là une source de dépenses ruineuses.
N'est-il pas forcé, avec cinq sous quatre deniers
par jour, de s'entretenir lui, son valet et deux
chevaux[3]? Sa pénurie est extrême au retour
de chacune de ces expéditions. Son état fait

---

[1] CRAP., 25. V. aussi *Man.*, 43, c. 3, :

> Cils qui s'atent au bled de son voisin
> Et au mangier d'une estrange personne,
> Et qui se vuet vivre de l'autrui bien,
> Et qui rien n'a, et cuide qu'on lui donne,
> Et sur autrui édifice maisonne,
> Perd ce qu'il fait et se travaille en vain...
> Aions du bled pour porter au moulin,
> Et un recept, et du vin en la tonne... etc...

On retrouve à chaque instant la trace de cette préoccupation
chez des Champs.

[2] CRAP., 28.

[3] *Man.*, 368.

pitié : rien sur le corps, rien dans la bourse [1];
il appelle à l'aide ses amis ou ses protecteurs [2].
La cabaretière veut saisir ses chevaux pour
s'indemniser des frais de nourriture : lui faudra-
t-il rentrer à pied dans ses foyers [3] ?

Encore si ses gages lui étaient régulièrement
payés ! Hélas ! il n'en est pas ainsi. En 1385, il
se plaint amèrement de n'avoir pas touché un
sou, depuis la mort du dernier roi, de sa pension de Vitry [4]. Il essaie d'apitoyer les généraux de finances. Voilà cinq ans, dit-il, que je
suis malade : Flament, Pierre, Crestien, gué-
rissez-moi [5] ! peine inutile ; on ne lui répond
pas. Des Champs énumère, dans une de ses
ballades [6], les princes du sang et autres grands
de la cour auxquels il était attaché à divers
titres. Tous ces emplois, probablement hono-

---

[1] *Man.*, 221.

[2] Ses besoins d'argent sont les mêmes lorsqu'il est devenu
bailli, témoin ce rondeau au sire de Couci :

> En attendant vostre bonne merci,
> Sui à Paris dès mardi ot (*il y a eu*) huit jours,
> A (*avec*) six chevauls : trop m'est dur li séjours...
> Partir ne pui, se de vous n'ai secours...
>
> (*Man.*, 436).

[3] *Man.*, 209.

[4] *Man.*, 212.

[5] Jehan le Flament, Pierre de Metz, Gui Crestien, généraux
des aides en 1388.

[6] TARB., I, 124.

rifiques, ne l'enrichissaient guère ; à peine lui
donnaient-ils le droit de réclamer, de temps
en temps, une houppelande, un pourpoint, un
couvre-chef[1]. Ecuyer et maître d'hôtel du duc
de Touraine, il subit, au retour de la campagne de Gueldres, seul de tous les gens du
prince, un retranchement arbitraire de vingt
jours de gages. La Chambre aux Deniers[2] re-
poussa ses réclamations. Dieu soit loué, s'écrie-
t-il, en se vengeant par un bon mot ; Eustache
était parti pour l'Allemagne « avec un flux de
ventre » ; le voilà bien « restraint » (resserré)
désormais :

> Chambre aux deniers a sa garison (*jeu de mots : paie-*
> [*ment et guérison*) faint[3] (*refusé*).

[1] Au duc de Bourbon, *Man.*, 234, à messire Regnault d'Acy,
Man., 426, à Valentine de Milan, *Man.*, 255.

[2] Chargée de régler la dépense de la maison du roi et des
princes.

[3]
> Dieu soit loué de tuit (*tous*) biens qu'il m'envoie,
> Et du retour du païs d'Alemaigne ;
> Car, au partir, le flux de ventre avoie (*j'avais*),
> Et ne l'arai (*l'aurai*) des mois ne des sepmaines ;
> Qu' (*car*) entre les gens de Monsieur de Touraine
> N'a homme nuls qui ait esté restraint
> Fors Eustace, qui de ce se complaint,
> A qui on a vingt jours serré le ventre
> [se plaint
> Sans croix (*argent*) avoir : pour ce doute (*il craint*) et
> Qu'il ne puisse jamais aler à Chambre.
>   (*Man.*, 210, c. 1).

Les merveilleux enchanteurs que ces généraux de finances ! l'or se multiplie sous leurs doigts. Les trésors offerts à Jésus par les mages n'étaient rien en comparaison de ceux qu'ils assurent au roi. Et savez-vous comment ils s'y prennent? ils font l'année de quatorze mois [1] pour les pauvres diables qui attendent leur maigre chevance et qui, s'ils veulent continuer de servir, se voient réduits à vendre leurs chevaux. Aussi des Champs n'a-t-il pour eux aucune tendresse de cœur ; et la « gravelle », le « mal Saint-Leu », la « fièvre » sont les moindres maux dont il supplie le ciel de les gratifier [2].

On n'ignorait pas à la cour que la fortune personnelle de des Champs lui assurait une

---

[1] C'est ce qui arrivait encore sous un bien plus grand monarque que Charles VI, à une époque où la direction des finances était entre les mains d'un Colbert. Grand roi, écrivait Corneille vers 1670,

> Grand roi, dont nous voyons la générosité
> Montrer pour le Parnasse un excès de bonté
> Que n'ont jamais eu tous les autres,
> Puissiez-vous dans cent ans donner encore des lois,
> Et puissent tous vos ans être de quinze mois
> Comme vos commis font les nôtres !

[2] Pour ce leur faut offrir, car c'est bien drois (*droit*) ;
Si (*aussi*) leur offrons la gravelle ès costés,
La goutte ès-flancs, et la crampe en leurs dois (*doigts*),
Le mau Saint-Leu, la fièvre d'autre lez (*côté*),
Tous les tourmens dont Dieu est aornez (*garni*)...
Puissent estre destruis et tourmentés !...

sorte d'indépendance. Il avait le tort de s'en vanter lui-même avec cette intempérance de langage trop commune aux satiriques. Il ne ressemble pas, lui, à ces gens de rien qui se remettent tout nus entre les mains de dame Fortune[1] et dont elle fait, en se jouant, des personnages. Ceux-là n'ont jamais besoin chez eux, et pour cause : lui, c'est bien différent[2] ! Il pourrait vivre du sien, Dieu merci, et se passer du roi :

> J'ai plus que lui, ou autant. — Or di quoi.
> — Très-voulentiers ; veuillez-y regarder :
> J'ai terre assez pour moi bien governer ;
> Bien sui vestus, et j'ai bonne maison,
> Et un cheval[3] pour mon travail porter :
> A homme plus ne faut, selon raison[4].

Bravade imprudente ! aveu bien dangereux ! La main du roi s'ouvrait facilement ; par malheur elle était toujours vide. Le roi pro-

---

[1] *Man.*, 301.

[2]
> Prince, à court sont maint, que nommer ne doy,
>   [*ficulté*
> A qui labeurs ne fait guère d'essoigner (*obstacle, dif-*
> Huit mois et plus ; mais pas tant n'y serai :
>   [*quer à mes affaires*)
> Les autres mois vueil (*je veux*) faire ma besoigne (*va-*
>   (TARB., I, 125).

[3] Il n'était sans doute encore que messager, lorsqu'il écrivait ces vers.

[4] *Man.*, 10.

mettait : d'autres comptaient pour lui. Des
Champs avait eu plus d'une fois l'honneur de
recevoir le prince. Il lui montrait les embellis-
sements projetés dans son hôtel de la rue du
Temple[1], la chapelle qu'il venait d'y faire
construire, la tour de Fismes restaurée à ses
frais, ou sa maison de Vertus se relevant de
ses ruines. Chacune de ces visites était une
occasion pour la munificence royale de s'exercer[2]. Mais, sur une somme de onze cents francs
octroyés à diverses reprises au fidèle huissier
d'armes, soit en récompense de ses loyaux
services, soit en souvenir « du bon plaisir que
le roi avait eu et pris en son ostel à Paris, »
des Champs se trouve avoir, tout compte fait,
reçu trois cents francs[3]. Il avait beau présenter la cédule royale aux généraux des aides et
aux trésoriers du domaine : les uns et les autres
refusaient toute ordonnance de paiement qui
n'était pas revêtue de la signature du conseiller

---

[1] *Man.*, 208.

[2] 10 mars 1387 (1388), bon de 500 livres sur le Trésor, en témoignage de la satisfaction du roi ; 26 août 1388, 200 fr. à titre
d'indemnité pour les constructions de Fismes ; 9 novembre 1389,
400 fr. pour l'indemnité des pertes subies pendant l'invasion anglaise en 1380. (Pièces extraites du Cab. des titres, et mention-
nées par TARB., t. I, préface).

[3] Quittance du 2 mars 1388 (1389), portant le sceau et la signature de des Champs (Cab. des titres).

et chambellan du roi, Jean de Montaigu. Des Champs, sans se décourager, lance requête sur requête : il est « aux abois » ; son hôtel de la rue du Temple n'est pas encore payé ; ses créanciers le harcèlent ; il sera obligé de mendier « en jouant de la turlurette » sur les grands chemins,

> Et s'en ira dire comme truans
> A Montaigu qu'il lui paië sa dette [1].

Le baut (*vif*, *allègre*), le douls, le poupinet

Montaigu, comme l'appelle notre [2] poète, ce petit homme au visage rose, à l'œil fin, à la bouche souriante, si empressé auprès des grands, si profondément enraciné dans le cœur du jeune roi, et qui devait expier sa longue faveur par une fin si lamentable, Montaigu est une des victimes de des Champs ; celui-ci le crible de ses épigrammes tantôt acérées, tantôt brutales [3].

> Quel est ce compaing si jolis.
> Si gracieux et si courtois.
> Qui saluë les gens tousdis,

[1] *Max.*, 208.
[2] TARB., I, 165.
[3] TARB., I. 163.

Et qui s'offre à euls tant de fois,
Voire que tu ne le cognois ? (*même si tu ne le connais*)[1].

Et qui pourrait-ce être, sinon Montaigu ? Il est blond, il a la voix douce, il chante agréablement, danse à ravir ; bien vu des plus nobles dames, il fait son chemin parmi les seigneurs. Dédaigneux pour le commun des mortels[2] qu'il écrase de son faste, il ne prise que l'argent, il n'estime que ceux qui ont des « croix ».

Montaigu est le type de ces financiers « mangeurs d'argent »[3], auteurs, aux yeux, de des Champs, de tous les maux dont souffre le monde. Il leur a voué une haine implacable, irréfléchie. Tout « compteur » (homme de finance) est un coquin, et mérite la corde ou

---

[1] Voici la suite de la ballade :

Ce ne fait mon (*cela ne fait rien vraiment*) ; moult set de
           [tours.
Tost a sailli de deux en trois (*couru de l'un à l'autre*) :
C'est un grand donneur de bons jours...

[2] Il ne tient compte des chétis ;
  Il est entrans (*insinuant*), il a ses lois (*règles de*
           [*conduite ;*
  Il accorde à chacun des dits (*il approuve tout ce qu'on*
  Il parle ainsi comme tu bois,   [*dit,*
  Et profite (*fait son chemin*) entre les seigneurs,
  Cure n'a de ceuls qui n'ont croix (*écus*)...
         (*Man.*, 205, c. 3).

[3] *Man.;* 267. Des Champs se vit forcé de lui vendre son bel hôtel de la rue du Temple, et il accuse Montaigu de l'avoir acheté à trop bon compte.

le bûcher, comme Bétizac. La fortune inouïe des
financiers le scandalise : leurs disgrâces acca-
blantes le trouvent sans pitié. Il voit en eux
les sangsues du peuple. Pourquoi les princes
sont-ils si cupides ? c'est qu'ils ont des trésoriers toujours prêts à satisfaire leurs convoitises. Voilà ceux qui enseignent aux grands
loups « à faire ventrée » des pauvres gens, et
qui s'en vont répétant le cri funèbre :

Ça de l'argent, ça de l'argent [1] !

Des Champs mêle à son mépris une sorte
d'admiration jalouse. Il ne peut s'expliquer
cette magie toute-puissante du chiffre. Le dernier des sept « arts », l'arithmétique, est devenu
le premier, le seul honoré ; il évince et sup-
prime tous les autres. Les hommes qui savent
« jeter » (compter)[2] sont les rois du siè-

[1] Crap., 198.
[2]   Le meindre de tuit les sept arts,
Fondé sur pure convoitise,
Règne aujourd'hui de toutes parts,
Tant ès grans courts comme en l'église.
Car ceuls de cest art ont grant mise (*ressources*)
D'argent, pour compter et jeter (*parce qu'ils comptent*);
A euls voit-on terre achapter,
Faire chasteauls et édifices,
Et dessus tous estas régner :
Sujets tiegnent tous les offices (*sous leur dépendance*).
(*Man.*, 243, col. 3).

cle[1] ; à eux terres, châteaux, bénéfices ! Aussi comme le satirique prévoit leur chute, et de quels avis charitables il assaisonne ses pronostics !

> Advisez-vous, gens de pratique[2],

et voyez le sort qui vous attend ; vous vous engraissez de notre substance ; c'est bon ! on vous « purgera » par ordonnance de médecin.

> Le temps vient de purgation
> A pluseurs qui sont trop replet...
> Qui trop prent mourir faut, ou rendre [3].

On pendait les serviteurs: les maîtres en étaient quittes pour changer d'économes ; et le duc de Berri embellissait son palais de Bicêtre avec l'argent extorqué par les successeurs de Bétizac.

Le bailliage de Senlis n'enrichit pas des Champs. Les gages ordinaires du bailli étaient

---

[1] Froissart ne dit pas autre chose ; mais comme le ton diffère !

> Argent est un droit enchanteur...
> Car, lorsqu'il est issu de terre,
> Dire puet : Je m'en vai conquerre
> Païs, chateaulx, terre et offices.
> Argent fait avoir bénéfices, etc...
>> (*Le Dict du Florin*).

Ce qui fait rire l'un à gorge déployée arrache à l'autre un gémissement ou un cri de colère.

[2] TARB., I, 106.

[3] *Man.*, 452.

médiocres. Il touchait, pour son entretien et celui de ses cinq valets, son écurie de six chevaux, ses frais de déplacements, la dépense de ses trois hôtels de Senlis, de Pontoise et de Compiègne, la somme de seize sous Parisis (une livre tournois) par jour[1]. Pauvre bailli ! tout manque en son hôtel de Senlis, et le voilà forcé d'acheter à ses frais vaisselle et mobilier[2]. A peine arrivé, il prend la plume pour faire monter ses doléances jusqu'au roi. Le nouveau bailli réclame les droits du sceau[3] dont jouissaient anciennement ses prédécesseurs, et dont jouissent encore, dit-il, les baillis et sénéchaux en d'autres provinces, notamment en Normandie. Il sollicite, à titre d'indemnité spéciale et immédiate, six cents écus sur le produit des exploits de la prévôté de Pontoise[4]. Il insiste enfin, détail piquant, pour que son traitement ne lui soit point assigné sur la caisse des Généraux des Aides[5].

---

[1] CHAP., p. 135.

[2] CHAP., p. 137.

[3] Les baillis avaient un sceau particulier qu'ils apposaient sur toutes les pièces judiciaires émanées d'eux. Les droits du sceau constituaient un revenu considérable que la royauté n'avait pas laissé aux baillis.

[4] Le roi octroya 600 livres à des Champs (17 juin 1389) ; le Trésor n'en remit que le tiers (quittance du 4 septembre 1389, Cab. des titres).

[5] Quelques explications sont ici nécessaires. Le salaire d'un

L'année 1395 réservait un coup sensible à l'amour-propre de notre bailli [1]. Les anciennes ordonnances [2] des rois de France obligeaient les baillis à résidence, et ne leur accordaient, chaque année, qu'un laps de temps. déterminé, pour vaquer à leurs propres affaires [3]. Ces prescriptions avaient cessé d'être obser-

bailli comprenait, à cette époque, deux parts, l'une fixe, l'autre éventuelle, octroyée à titre gracieux et d'un chiffre variable. Cette dernière était formée par ce qu'on appelait les « dons du roi » ou « dons de finance ». Quand l'ordonnance du 7 janvier 1400 obligea les officiers royaux à « ne prendre qu'un gage, nonobstant toute lettre ou mandement » contraires, une exception fut maintenue en faveur des baillis. A leurs gages ordinaires le roi, s'il est content des services de ces magistrats, pourra joindre. à la fin de l'année, une gratification ; « mais ces dons ne seront point assignés sur le produit des actes judiciaires » de leur ressort. Cette ordonnance consacrait une mesure qui n'était pas encore universellement appliquée à l'époque de la nomination de des Champs, et qui enlevait aux baillis la perception des droits prélevés sur les actes judiciaires, pour la confier aux receveurs royaux du bailliage.

[1] A quel moment des Champs cessa-t-il d'exercer les fonctions de bailli de Valois ? Sans doute quand le jeune comte de Valois, de la maison duquel il faisait partie, échangea cet apanage contre le duché de Touraine en 1386. Les renseignements nous manquent sur ce point. Nous ignorons aussi à quelle époque des Champs reçut la maîtrise des Eaux et Forêts de Villers-Coterets, et combien de temps il la garda. Une ordonnance assigne aux Maîtres des Eaux et Forêts 400 livres de gages par an pour tous droits. Des Champs cumulait-il le traitement de ses diverses charges ? Il est probable que les difficultés de paiement étaient grandes de part et d'autre.

[2] Ordonn. de 1331, 1363, 1374 (28 octobre), 1388 (5 février).

[3] L'ordonnance de 1363 donne à ces fonctionnaires « un mois ou cinq semaines en l'an au plus » non pas en une fois, mais par parties.

vées, et les baillis se faisaient sans scrupule représenter par leurs lieutenants. Une ordonnance
datée du 28 octobre 1394[1], et qui exigeait de
ces magistrats une assiduité plus complète,
resta sans effet. Une nouvelle ordonnance, du
28 mars 1395, reproduisit la précédente en
l'aggravant : tout juge royal qui manquerait
à l'obligation de la résidence est menacé de
perdre sa charge[2], et les baillis ne seront
payés de leurs gages qu'en proportion du
temps de présence, dûment établi par les procureurs du roi aux divers siéges du ressort.

C'était là une de ces sages mesures d'administration publique que le poète eût conseillées
jadis lui-même au jeune roi. Mais la vanité
blessée parle cette fois plus haut que la raison. Il est furieux[3]. Voilà donc les baillis em-
prisonnés dans les limites de leur bailliage

[1] Nombre de baillis, dit l'ordonnance « ont été négligens de
servir et estre en les païs dont ils ont la garde, administration et
gouvernement comme souverains sans moyen (sans intermédiaire entre eux et l'autorité supérieure du Roi et du Parlement)
après Nous et nostre Parlement, mais sont absens, et y laissent
tant seulement un leur lieutenant »...

[2] Ils devront — dit le poète, —

estre cas de gages
Pour tant de jours qu'absens seront,
Que les receveurs nonceront
Et procureurs aux gens des comptes...

(TARB., I, 151).

[3] TARB., I, 151.

sans pouvoir vaquer aux soins de leurs intérêts propres [1]; les voilà humiliés, « asservis »
à des subalternes, procureurs et receveurs [2]!
Vraiment, c'est grand péril de donner tant
d'importance à ces fonctions basses ! Qui voudra maintenant être bailli? Certes ce n'est
pas lui :

> Je ne vueil plüs estre bailli —
> Pourquoi ? — Pour ce que, de présent,
> Il est, contre loi, establi
> Que le maistre serve au servent —
> Je ne vous entens pas ; comment ? —
> C'est à dire qu'un receveur
> De bailliage, ou procureur,
> Les baillis contrerollera,
> Et s'ils vont voir dehors le leur,
> Chascuns d'euls ses gages perdra [3].

Mais eux, qui, les contrôlera ? Personne.
La réflexion toutefois le calma, et, le pre-

---

[1] *Man.*, 247.

[2] Il va jusqu'à offrir sa démission au Roi :

> Qu'il vous plaise, de vostre grace,
> Lui octroier (*à lui, Eustache*) que, sans contraire,
> Puist aler hors, où a à faire,
> Puisqu'il ara bon lieutenant,
> Sans le casser pour celle cause...
> Ou, pour ce qu'il devient trop vieux,
> Vous plaise de pourvéoir mieux
> De bonne personne et de sage,
> Pour gouverner, le bailliage...
>
> (TARB., I, 155).

[3] *Man.*, 293.

mier mouvement d'humeur apaisé, il se résigna à sa nouvelle situation [1].

Ces plaintes, ces récriminations, ces invectives lancées à tous propos contre les gens de finance sont instructives à plus d'un titre. Elles montrent que des Champs comprenait assez mal les nécessités d'ordre et d'unité qu'imposait une administration publique déjà bien vaste ; elles montrent aussi quelle confusion et quels abus subsistaient dans les pratiques financières du temps. La Cour des Comptes employait tout son zèle à empêcher le gaspillage des revenus publics, à assurer l'équilibre des recettes et des dépenses. Mais si les Généraux des Aides ou les Trésoriers du Domaine étaient obligés à une gestion plus exacte, leur comptabilité n'était pas de tout point régulière : de là ces ajournements, ces suspensions de paiement, et même parfois ces retranchements de gages, contre lesquels des Champs proteste avec tant de vivacité. Au premier abord, ces doléances fatiguent ; à y regarder de plus près, on les trouve parfaitement fondées. La Cour des Comptes a mille

---

[1] Le roi d'ailleurs reconnut le bien fondé de sa requête, en lui accordant la faculté de prendre trois mois de congé par an.

fois raison de surveiller les dons de finance,
porte ouverte aux prodigalités ruineuses et à
tous les caprices. Mais des Champs n'a pas
tort de défendre contre la mauvaise volonté
des officiers du Trésor les gages qui le font
vivre, et qui sont la récompense fort légitime
de ses services.

CHAPITRE XIV

Si des Champs maltraite les financiers, il
n'épargne pas davantage les gens d'église. Il
leur reproche leur orgueil, leur cupidité, leur
ambition. Il voudrait ramener le clergé à la
pureté de son institution primitive et aux obligations de son état. Cherchez le prieur dans
son monastère, le chanoine dans sa collégiale
ou sa prébende, l'évêque dans son diocèse :
vous les trouverez à la cour des princes, où
ils disputent aux laïques les offices mondains[1]
et les grandes charges administratives. Re-
gardez-les, ces hauts dignitaires ecclésiastiques, au milieu de « la tourbe » des chevaux
et des écuyers, avec leurs manteaux fourrés

---

[1] *Man.*, 529.

d'hermine, « montrant leur roue » (se pavanant), « faisant leurs moues et leurs fronces[1] » (plissant la lèvre, fronçant le sourcil). Voilà un spectacle que des Champs ne supporte pas, dont il a « mal à la téte ». Officiers des princes, qui font d'eux leurs chanceliers, leurs ministres, les présidents de leurs chambres des comptes, les prélats, outre les bénéfices accumulés entre leurs mains, touchent des gages énormes,

> ... cent et quatre vingt mille (francs),
> Pour euls croupir en une ville :
> Ainsis est l'argent despendu.
> Par ma foi, c'est argent perdu !

Pendant ce temps, un vicaire les supplée, et Dieu sait comment, en leur absence, le troupeau est gardé !

> Et par la coulpe des pasteurs,
> Sont les ouailles en péril
> D'aler à perte et à essil (ruine),
> Pour ce qu'eles n'ont point de garde... [2]

La richesse a produit son effet ordinaire, le relâchement dans les mœurs. Parfois, le scan-

---

[1] *Mir. de Mar.*, *Rub.* 48.

[2] *Mir. de Mar.* (Man., 525.) Les plaintes de Clémengis sur les mœurs du clergé (De Corr. Eccl. Statu, pass.), prouvent que des Champs n'exagère pas. V. sur le grand schisme M. LENIENT, *la Sat. en France*, Ch. XVI.

dale s'affiche ; les fidèles s'étonnent, se mo-
quent,

> Et diënt : Veez (*voyez*) nostre curé,
> Nostre prélat et nostre abbé,
> Qui nous font jeuner les vigilles :
> Ils manguënt (*mangent*) ; ils ont les filles...
> Ils ont tout li péchiés mondains.
> Pas ne fai mal, si je vueil faire
> Autel (*pareillement*) comme mon curé fait [1].

Qui réprimera ces excès ? Les clercs ne sont
pas justiciables des tribunaux laïques. Or, les
juges d'église ont la conscience large : leur
premier intérêt est de ménager les coupables.
Ils font une lucrative concurrence à la justice
royale. Certains cas leur reviennent de droit,
sans compter ceux qu'ils évoquent abusive-
ment.

> Ceuls qui jurent vilainement,
> Femmes qui brisent sacrement
> De leur lit ou leur mariage [2],

larrons, blasphémateurs, adultères, sont sûrs

---

[1] *Mir. de Mar.* (Man., 524.)
[2] *Ib*. Voici la suite du passage :

> Et hommes de felon courage
> Qui emble (*vole*), tue ou qui meurtrit (*assassine*)
> Clers se fait sans savoir escript (*savoir lire*).
> On le requiert (*poursuit*): il est rendus (*se déclare moine*),
> Où (*alors que*) il n'est clers fors que tondus...
>   (*Man.*, 523, c. 2).

de trouver auprès d'eux indulgence et miséricorde :

> Car ce sont pitéable gent [1].

Un point sans plus est nécessaire, l'argent.
Un homme a pillé, assassiné ; on le poursuit :
il se déclare « rendu » (moine), n'eût-il de clerc
que la tonsure ; son appel est toujours entendu ; les juges ecclésiastiques

> Chargé de ses grief faiz le prennent ;
> S'il a argeut, ne le condempnent...
> Car dès le jour qu'on est en fosse (*en prison*),
> Composition se fait grosse,
> Selon le cas et la personne.
> Tout véu, sentence se donne
> En la fin qu'on n'a rien trouvé,
> Ne contre le meurdreur (*meurtrier*) prouvé.

Après le scandale de la procédure, on a celui de l'acquittement.

> Ainsis est absous le larron,
> Et ne lui faut autre pardon (*justification*),
> Et si (*pourtant*) est le fait tout notoire.
> Lors ne sont plus en inventoire (*sous sequestre*)
> Ses biens ; on lui (*le*) délivre à plein ;
> On lève de son corps la main,
> Et s'en va du fait non pugnis,
> Vrai coupable absous. Trop honnis
> Seroit un juge séculer (*séculier*),
> S'il vouloit ce chemin aler [2].

[1] *Man.*, 372.
[2] *Man.*, 524 (*Mir. de Mar.*).

Voilà les abus qui florissaient à l'ombre des
officialités, mais ne pouvaient échapper à l'œil
pénétrant d'un bailli royal. Ce n'était rien en
comparaison du grand scandale que le schisme
de 1378 avait fait éclater dans la catholicité
tout entière.

Deux papes se sont prétendus légitimes
successeurs de Saint-Pierre, Urbain VI, le
pape italien, Clément VII[2], le pape d'Avignon :
chacun d'eux a sa cour, ses cardinaux, ses légats, ses partisans ; les deux rivaux se renvoient
l'affront, l'invective, le mépris. Mais l'Eglise
de France est particulièrement malheureuse ;
les dignités ecclésiastiques sont un butin que
se partagent le pape et ses trente-six cardinaux : le premier « se réserve[3] » les évéchés

---

[1] Mort en 1389.

[2] Mort en 1394.

[3] Sur tous ces abus de pouvoir des Champs prenait des notes.
Nous les retrouvons dans le *Miroir de Mariage*, auquel il dut
travailler dès cette époque :

> Destruites sont pluseurs esglises
> Par les souventions nouvelles (*subventions, dímes*),
> Et par autres exactions ;
> Plus n'ont nulles élections
> Les abbayës, les colléges (*chapitres*) ;
> La grant cour (*Avignon*) a tout réservé...
> La grant cour vuet tout dévorer...
> Ne leur chaut dont (*de quoi*) le prieur vive,
> Ne comment Dieux y soit servis,
> Mais que (*pourvu que*) leur cuer soit assénis (*comblé,*
>   [*assouvi*)

et les prélatures les plus importantes; il a-
bandonne aux seconds les bénéfices de
moindre valeur. La liberté des élections est
partout supprimée ; les clercs instruits et
dignes sont écartés des bénéfices qui sont livrés aux créatures ou aux familiers du pape
ou des cardinaux. L'Université essaie d'élever
la voix : le duc d'Anjou, régent du royaume,
fait taire les plaintes, dompte les résistances.
Le silence dure quinze années ; mais un jour
une clameur formidable éclate [1]: c'est le livre
de Clémengis sur la corruption de l'Eglise.
La lutte se ranimait plus ardente, plus implacable.

Des Champs n'était pas homme à rester
neutre au milieu de ces conflits qui passion-
naient ses contemporains. Il nous donne en
bons mots, en chansons, en épigrammes, l'é-
quivalent des anathèmes de Pierre d'Ailly, de
Clémengis et des docteurs. Savez-vous, de-
mande-t-il, pourquoi le pape Clément ressemble à Notre Seigneur ? C'est qu'il a grand
soin de sa famille : ainsi faisait Jésus-Christ.

> D'estat, de mesgniĕ, de pompe (*serviteurs, gens de*
> *[suite)....*
> (*Man.*, 525).

[1] V. M. LENIENT, *la Satire en France au moyen âge*, p.
261, Ch. XVI.

> Dieu nous monstra, ainsi qu'il fut humains (*en tant*
> Que l'on devoit ses amis avancier ;   [*qu'homme*),
> Pour ce avancia de ses cousins germains
> Jacques et Jean et autres qu'il ot (*eut*) cher,
> Qui de gloire sont o (*avec*) lui parsonnier (*participants*) :
>   Et, pour ce, pape Clément
> De ses amis mit si très-largement
> Et avancia par devers court de Rome (*Avignon*),
> Que Clémentins (*parents de Clément*) y seront longue-
> Ainsi les siens doit avancier tout homme.   [*ment* :

Et le pape a bien raison :

> Il se vaut mieux en ses amis fier
> Que quérir estrange gent (*étrangers*) [1].

Des Champs avait beau jeu contre les successeurs des apôtres. Ceux-ci, s'écriait-il :

> Furent de Dieu les puissans champions,
> Qui coururent par toutes régions
>   Sonnans leurs douze bucines (*trompettes*)
> En trois langues, Hébreux, Grecques, Latiues...
> L'Esglise alors estoit donnée aux bons
> Sans prix d'argent... [2]

Leurs successeurs ont une autre méthode, celle que pratiquait Simon le Magicien. Vous êtes instruit, bon clerc, vous demandez une petite portion des biens de Dieu : sachez qu'il n'y a point de bénéfices pour les clercs pauvres. Les grasses prébendes, les bons ca-

---

[1] *Man.*, 153, col. 1.
[2] TARB, I, 180.

nonicats sont à l'encan[1], et les apôtres modernes n'accordent « moutiers et crosses » qu'à ceux qui font « sonner » l'or . Voyez ces nuées de procureurs munis de bulles apostoliques,

> Ces compteurs, ces divers papaux (*officiers du pape*) [2],

qui s'abattent sur les évéchés, les cures, les prieurés, les abbayes, levant les dîmes, envahissant les bénéfices vacants, vendant au plus offrant les prélatures ; partout où passent ces

---

[1]   Nul povre clerc pour sa science
Ne pourroit pas bénéfice impétrer :
Aux cardinaux faut promettre ou douner
Qui vuet avoir Reims, Soissons ou Verdun...
> (*Man.*, 129, col. 1).

[2]   Tous vuelent l'or ; mais s'il ne sonne et clique (*fait*
> [*cliquetis*),
Nuls n'ara d'eulx bastons, moustier, ne clique...
> (*Man.*, 251, col. 1).

V. aussi *Mir. de Mar.*, *Man.*, 525 :

Nul n'a ce qu'il a demandé
Qu'on ue lui dië : Osteude (*montre ce que tu m'ap-*
> [*portes*) ;
Lors vient Dodas (*donnant, donnant*) de son esconse
> [(*cachette*) ;
Cil fait avoir bonne response...

La plaisanterie continue sur ce personnage (Dodas) transformé en courtier de simouie.

[3]   Qui a le monde ainsi destruit,
Et par qui souffre-il tant de maux ?
Je le dirai, entendez tuit (*tous*) !
Puis qu'il (*depuis qu'il*) vint tant de cardinaux,

loups dévorants, il n'y a plus ni brebis ni moutons [1].

Et cette situation intolérable se prolongerait ? non, non ; princes, il faut guérir le chef, car les membres n'en peuvent plus [2] ; prélats, il faut tuer cette bête horrible, ce « minotaure à deux têtes [3] » à la langue double [4]. Vous surtout, clercs vertueux et savants, vous, universités menacées, abbayes dépouillées, liguez-vous pour soutenir votre cause et celle du ciel :

> Collèges (*chapitres*), n'attendez demain [5] ;
> Estudes (*écoles*), vous deussiez aler
> Devers le roi, pour enhorier (*exhorter*)
> Le concile [6], et cerchier le voir (*vrai*).

Où était le vrai pape ? il fallait le découvrir ; l'autre était sûrement l'Antechrist ou son précurseur [7]. Clément VII venait de mourir ; mais

> De compteurs, de divers papaux,
> En la cour du pape et des princes,
> Ne fut bien gouverné li mons (*monde*) !
> (Man., 267, c. 2).

[1]   Il n'est que renars et louveaux
> Qui estranglent brebis, moutons...
> (Man., 267, c. 2).

[2] *Man.*, 256.
[3] *Man.*, 245.
[4] *Man.*, 247.
[5] TARB., I, 177.
[6] Probablement celui de Paris, en 1394.
[7] *Man.*, 247.

les cardinaux lui avaient déjà donné un successeur.

L'Université, sur laquelle tout le monde avait
les yeux fixés, exigeait la démission simulta-
née des deux compétiteurs. Benoit XIII (Pierre
de la Lune), avant son exaltation, avait souscrit à cet engagement; une fois pape, il atten-
dit la démission du pape de Rome, Boni-
face IX [1]. Les théologiens parlent, écrivent,
confèrent; les ambassades des docteurs et des
princes se succèdent à la cour d'Avignon; les
assemblées du clergé [2] se réunissent et dis-
cutent. La corruption fait son œuvre; l'or
semé par les deux cours partage les suffra-
ges,

L'un achapte et li autre veud [3];

les espérances d'union sont aussitôt déçues
que formées. En vain des Champs demandait à
tous les échos des nouvelles de l'accord des
papes [4] : le pieux Gerson déclarait cette œuvre
supérieure aux forces humaines [5]. Cependant

[1] Elu en 1389, mort en 1404.
[2] A Paris, à Metz. à Reims.
[3] *Mir. de Mar.*, *Man.*, 525.
[4] Tarb., I, 179.
[5] Cité par Michelet, t. IV.

l'Université, à bout de patience, avait réclamé et obtenu du roi le retrait d'obédience au pape d'Avignon, et le maréchal de Boucicaut avait été chargé, à la tête d'une armée, de notifier au pape cette décision. Mais cinq années de blocus[1] ne purent avoir raison de l'entêtement de Benoît XIII. En ce moment le duc d'Orléans s'emparait de la direction des af-faires. Ce prince convoitait l'argent du clergé : le pape lui promit une dîme sur les revenus ecclésiastiques; et aussitôt une ordonnance, arrachée au roi, replaça le royaume sous la suprématie religieuse d'Avignon. L'Université, à cette nouvelle, fulmine contre les amis de Benoît, les déclarant pécheurs et fauteurs de schisme[2]. Des Champs, sans prendre parti dans la lutte, est évidemment choqué de voir le caprice des princes faire si bon marché de la religion. Tenir un homme pour véritable successeur de Saint-Pierre et lui prodiguer comme tel les marques de respect, puis rompre brusquement et lui déclarer la guerre, enfin, après l'avoir tenu cinq ans bloqué dans sa capitale, le rétablir sans avoir pourvu à la pacification de l'Église, de pareils revirements ont de quoi

[1] 1398-1403.
[2] MICHELET, t. IV, p. 134.

surprendre. Des Champs se contente d'exprimer son étonnement, et d'ajouter avec un soupir[1] :

> Miex fasse Dieu du rétablissement (*1403*)
> Que je ne voi de la soustraction (*1398*) !

Témoin de ces divisions dont ni lui ni ses contemporains ne prévoyaient le terme, des Champs pouvait, sans hasarder beaucoup, signer cet engagement ironique :

> Quaut les deux courts seront d'acort
> Pour l'union de sainte Esglise,
> Je fonderai en terre glise (*glaise*),
> Emmi (*au milieu de*) la mer, un chastel fort.

---

[1] *Man.* 327.
[2] *Man.*, 385.

CHAPITRE XV

Au mois d'août 1392, le roi Charles VI se
mettait en marche, à la tête d'une armée, pour
aller demander raison au duc de Bretagne de
l'assassinat du connétable Olivier de Clisson,
et des Champs applaudissait à cet acte de justice contre un « peuple ingrat », déloyal et
« traitre[1] ». On sait comment se termina
l'expédition : le roi fut ramené à Paris, en
proie à un délire furieux. Le royaume retom-
bait en tutelle.

Le premier acte des ducs de Berri et de
Bourgogne, en ressaisissant le pouvoir, fut de
frapper les ministres qui, depuis trois ans, les

[1] Tarb., I, 126.

avaient supplantés dans la confiance du roi.
Nous savons par Froissart[1] avec quelle précipi-
tation haineuse fut consommée cette œuvre de
vengeance. Nul semblant d'information ; nulle
forme de justice observée : la convoitise éclate
seule ; tout prétexte suffit pour autoriser les
rapines[2]. On aimerait à trouver chez des
Champs la protestation de l'honnête homme
indigné. Il se contente de signaler à mots cou-
verts, et par voie d'allusion ironique, les graves
nouvelles qui lui parviennent de la cour, les
« querelles »

De pluseurs gens qui ne sont pas amis[3],

les violences, les malversations, les confiscations arbitraires. Pour lui, il se félicite d'échapper, par son obscurité même, à ces coups de la
fortune. La région « moyenne » où il a « édi-
fié » sa « maison » n'est pas exposée à de

---

[1] Froiss., l. IV, 30.

[2] Montaigu se dérobe par la fuite ; Clisson parvient à gagner
ses fortes places de Bretagne ; mais la Rivière, homme estimé
et intègre, n'est sauvé que par les prières réitérées de la jeune
duchesse de Berri ; Lemercier avait été mis à la Bastille : sa
terre de Port au Louvien, en Laonnais, est donnée au sire de
Couci, qui l'accepte. Le duc d'Orléans (c'était, depuis le 4 juin
1392, le nouveau titre du frère de Charles VI.) mettait la main
sur les terres de son ancien favori, l'assassin de Clisson, Pierre
de Craon, bien que celui-ci n'eût pas encore été jugé.

[3] Tarb., I, 138.

semblables tourmentes. Il se sait gré de sa médiocrité :

> A petit ru (*ruisseau*) boit tourterelle
> Plus aise qu'en rivière isnelle (*rapide*)[1].

Des rancunes personnelles animaient des
Champs contre Montaigu, l'un des ministres
déchus ; mais d'ailleurs le gouvernement des
« petites gens » lui déplaisait. Il les jugeait
impuissants contre le mal, sans autorité pour
le bien, trop près du peuple pour en obtenir
obéissance, trop au-dessous des grands pour se
faire respecter d'eux [2].

L'entrée du duc d'Orléans dans le conseil du
roi vint ajouter aux rivalités déjà existantes une
cause nouvelle de division et de discorde. Dès
le premier jour il fut aisé de prévoir que la
lutte ne tarderait pas à éclater entre le duc de
Bourgogne et son neveu, l'un habitué à l'exercice d'une domination absolue, l'autre jeune,
remuant, insatiable de richesses et d'honneurs,
et convoitant une puissance égale à celle qu'assu-
raient, à l'un de ses oncles, le gouvernement du
Languedoc et, à l'autre, l'apanage héréditaire
du duché de Bourgogne. Le second fils du roi

---

[1] TARB., I, 132.
[2] *Man.*, 128.

Charles V avait reçu de la nature d'heureuses dispositions auxquelles n'avait pas manqué la culture. Plus instruit que n'étaient d'ordinaire les princes de son temps, il avait le goût des lettres et des arts ; comme son père il aimait les livres, et recherchait la conversation des hommes éclairés. Mais lectures et conseils ne lui profitaient guère. Des Champs songeait à lui peut-être, lorsqu'il disait de certains lettrés :

> Mieux leur vausist (*vaudrait*) du lire retarder ;
> Car de leurs maux (*vices*) se peussent excuser
> Aucunement (*en quelque façon*)[1]...

Chaque fois qu'il reparaissait à la cour, des Champs la retrouvait plus changée ; il n'y connaissait plus personne : c'étaient toujours nouveaux visages. Chacun des princes ayant ses créatures à pourvoir, les offices passaient de main en main ; le favori de la veille cédait la place le lendemain à un rival mieux appuyé, plus adroit. Des Champs a peint cette instabilité, ce va-et-vient perpétuel. L'absence surtout est funeste ; si l'on s'éloigne un instant, on est perdu :

---

[1] *Man.*, 46. Il écrit encore, à propos de ces lecteurs frivoles :

> Mieux vaut celui qui chace et ne prent rien.
> (*Man.*, 50).

Demeurer peut bien qui voudra,
Soit nobles, clers, bourgois ou lais ;
Car, puis le jour qu'il s'en ira,
De lui ne soubviendra jamais [1]...

Cependant il commençait à ressentir les atteintes de la vieillesse ; il avait dû adresser au roi et au duc d'Orléans requête pour les servir « sans défubler » (le chef couvert) [2]. L'hôtel du roi lui semble inhabitable pendant les mois d'hiver ; le roi va chasser : ses gens

Batent leur corps pour euls du froid vengier (*garantir*) [3] ;

la grand « salle » est glaciale ; on a de la peine à s'y procurer « une busche ». La table royale n'est pas plus généreuse : depuis la maladie du roi, les gens de service n'y étaient plus hébergés [4].

L'hôtel d'Orléans n'était pas pour lui un refuge : il y régnait une licence excessive, et des Champs n'était plus d'âge à tenir tête à ces buveurs intrépides, les Cartulat, les Robinet [5],

---

[1] *Man.*, 8.
[2] *Man.*, 224 et 250.
[3] *Man.*, 209.
[4]
  Alez disner, ce dit maistre Regnault
  Aux eschansons, queux, escuyers tranchants...
  Despartez-vous, quant le roi disnera...
                                        (*Man.*, 271).
[5] TARB., I, 196.

les Savoisy, les Portiers [1], auxquels le duc
d'Orléans lui-même donnait le ton, si nous en
croyons le récit de certaine nuit d'orgie au
château de Boissy [2]. Quelle pouvait être la tenue
des pages, quand les seigneurs leur offraient
de pareils exemples ? Le désordre est si grand,
que des Champs écrit un jour au duc d'Orléans
pour le supplier de venir en personne mettre
la paix dans son hôtel [3]. Il dut être plus d'une
fois victime des plaisanteries grossières d'une
jeunesse folle que ses gronderies irritaient [4].
On lui déchire sa « houppelande », on lui
« noie de vin sa chape » [5], sous les yeux du
roi et des princes qui rient ; pour lui, il s'écrie
tristement :

Je sui moqué ; ainsi sont vielle gent [6].

[1] Tarb., II, 164.
[2] Id., II, 188.
[3] *Man.*, 434.
[4] Tarb., I, 170, 150 :

Aucune fois sui rançonné,
Taut qu'il ne me demeure rien...
L'un me dérompt le cuirien (*cuir, peau*),
Les ieuls, le nez ; savetier, chien
Sui appelé : chascuns m'injure,
L'on me jete boë et ordure ;
De l'un ai ou de l'autre assault...

[5] Crap., 91.
[6] Crap., 35. Les princes se donnaient, au contraire, le plaisir

Il y a pourtant une femme dont la bonté souriante semble avoir plus d'une fois consolé notre poète et adouci ses cuisants chagrins : c'est la duchesse d'Orléans, l'aimable dame de Vertus, à laquelle s'adressent chez lui bien des hommages avoués ou indirects. M. Crapelet a donné quelques-unes des jolies pièces [1] que la reconnaissance lui a peut-être inspirées. En voici une d'un tour non moins délicat :

> S' (*si*) amours, qui m'a par Douls Regart féru,
> Ne me faisoit jamais jour (*jamais*) autre bien
> Que du regart qui tant m'a secouru,
> Si vueil je et doi à toujours estre sien ;   [*sur la terre*)
> Car le gent corps (*personne*) est mon Dieu terrien (*divinité*
> Dont le regart me vint soudainement
> Qui me disoit : Ami, je te retien (*prends à mon service*) ;
> Poursui honeur (*sois homme d'honneur*), et vi joieusement...
>   Noble dame, princesse de Vertu,

cruel de mettre aux prises le vieux serviteur et les jeunes courtisans. Ceux-ci le tournaient en ridicule ; il répondait :

> Vous qui avez langage (*permission*) d'envoier
> En blobes (*mettre en pièces*) ceux qui passent cinquante ans,
> Qui ne servent que d'autrui avoier (*mettre dans la droite
>   [voie*),
> De peu servir (*sous prétexte qu'ils servent peu*) et d'estre
>   [gris et blans,
> Advisez-vous ; car tels cuide estre grans,
> Qui de son chief ne toucha onques nue ;
> Tels cuides estre Oliviers et Rolans,
> Qui ne prent pas toudis au ciel la gruë (*comme qui dirait :
>   [la lune avec les dents*)...
>   (*Man.*, 50).

---

[1] CRAP., 98.

> Par qui mon cuer a tant de bien sentu
> Qu'à toujours mais (*à tout jamais*) sui vostre ligement,
> Homme ne puet qu'il ne soit bon (*honnête*) tenu
> Mais qu' (*pourvu que*) il ait bien ce douls mot retenu :
> Poursui honeur, et vi joieusement [1].

Ailleurs il la désigne sans la nommer, et des charmantes qualités de Valentine de Milan il aime à composer le portrait d'une dame idéale :

> Elle aime Dieux ; elle est de tous aimée,
> Car plaisir (*elle*) fait à toute créature ;
> De son païs est fortment regrettée,
> Et où elle est se maintient nette et pure.
> Pitié la suit ; elle hait toute injure ;
> Aux povres gens a le cuer amoli,
> Les orgueilleux fait tourner à merci (*incline à la clé-
> Tout cuer félon hait, mauvais, déloyal ;   [mence),
> Elle aime paix, loyauté, et ainsi
> A bon droit n'est d'elle (*qu'elle*) un cuer plus loyal [2].

L'année 1395 fit une brèche dans la fortune de des Champs. Pour subvenir aux dépenses occasionnées par le mariage d'Isabelle de France avec le roi Richard, on restreignit le nombre des officiers et l'on abolit les gages à vie. Des Champs perdit du même coup son emploi d'huissier d'armes [3] et sa pension viagère sur la recette de Vitry. Il éclate avec sa vivacité

---

[1] *Man.*, 313, col. 2.
[2] *Man.*, 204.
[3]
> L'un des huit restrains sui pour voir (*vrai*)
> Des huissiers d'ordounance escrips...
>   (CRAP., 125).

accoutumée [1], rédige en latin rimé[2] un placet
à la Chambre des Comptes, écrit au roi qu'il a
usé sa vie à son service et à celui de son
frère[3], que ses gages de bailli sont insuffisants,
qu'il est obligé d'entretenir la tour de Fismes à
ses frais. Ses réclamations n'obtinrent aucun
succès.

Cinq ans après, autre mécompte. Le bruit
de sa mort s'était répandu ; sans plus d'information, on lui donne un successeur au bailliage de Senlis. La cour ne manquait pas de
gens à l'affût des places, et tout disposés à

---

[1]   Oez, oez l'ordonnance du roi,
     Vous qui avez à son père servi ;
     Soiez aise, se vous avez de quoi :   [soiez esbahi...
     Tous vous retient (*elle vous garde tous au service*), ne
     Vous arez tous bouche (*vous serez nourris*) à court ;
     Mais l'on vous fait d'avoir gages le sourt (*sourde*
                            [*oreille*) ;
     Et si n'arez lieu pour fourbir vos dents (*manger*).
     Fors bouche à court, sans rien mettre dedans...
                (*Man.*, 218, c. 3).

L'usage des cours ne lui avait pas appris à déguiser sa pensée, à refouler ses colères.

[2] *Man.*, 363.

[3]   J'ai servi par vingt et huit ans...
     Le bon roi Charle (*Charles V*) et ses enfans...
                (CRAP., 124).

Des Champs était donc entré au service de Charles V en
1367 : cette pièce fournit une date importante à la biographie de
des Champs.

pratiquer le conseil ironique de des Champs :

> S' (*si*) officier se puet laisser mourir,
> Son office quérez (*demandez*) diligemment [1]...

Le nouveau bailli acquitta les droits de chancellerie, et allait prendre possession de la charge, quand des Champs, averti, protesta. Sa requête est écrite du ton de la plaisanterie [2]; mais on démêle, sous l'apparente légèreté du badinage, des craintes sérieuses, dont le défend mal la pensée de ses longs services :

> Car j'ai servi, ce (*cela*) me donne confort,
> Deux Rois de France en toute loyauté,
> Le père et fils, Charles, plains de pitié,
> Loys, qui tient d'Orliens seignourie...

Il affecte évidemment une confiance dont il est loin. On peut douter que la protection du duc d'Orléans se montrât bien active en sa faveur ; et l'on rencontre, parmi les ballades de notre poète, nombre de pièces dont l'amertume enveloppée semble désigner ce prince séduisant, spirituel, mais léger, vaniteux, fou de

---

[1] *Man.*, 272.
[2]
> Puisqu'on impètre mes offices par mort...
> Et je me sen (*sens*) en vië, sain et fort,
> Sans ce que j'ai (*si ce n'est que j'ai*) en maladie esté,
> Il ne me chault si les sceaux ont cousté
> Aux impétrans qui ont fait leur folie....
>   (CRAP., 129).

plaisir et de scandale, que ne touchaient guère
les plaintes de son vieux maître d'hôtel. L'apologue devient transparent sous la plume de
des Champs. Ce vieux mâtin qu'on foule et
qu'on affame depuis qu'il n'est plus bon à rien [1]
c'est lui ; c'est à lui qu'on sert ce mets si peu
coûteux, « l'oubli » [2].

Des Champs avait raison de ne pas se fier à
la reconnaissance des princes. Fut-il desservi,
dans les années qui suivirent, auprès du duc
et même de la duchesse d'Orléans ? Ces médi-
sants, ces calomniateurs dont il signale avec
tant d'insistance les propos mensongers, par-
vinrent-ils à noircir ses actes [3], à représenter
comme séditieuse cette franchise dont il continuait de faire le premier devoir d'un bon serviteur [4] ? On serait tenté de le croire. Les vieil-

---

[1] CRAP., 200 et 201.

[2] *Man.*, 212. V. aussi dans CRAP., p. 134, la pièce :

J'ai esté de divers estas, etc...

[3] Qui aime bien ne croit pas de légier (*à la légère*)
Que son ami lui voulsit (*voulût*) nul mal faire...
Mais aujourd'hui sont maints de tel affaire (*com-
[plexion, humeur*)...
Qui son chien het (*hait*), on lui met sus la rage.
         (*Man.*, 289, col. 3).

[4] Prince, servans (*ceux qui servent*) sont loyal serviteur
Qui diënt voir et qui ne sont flatteur.
         (*Man.*, 284, col. 3).

les gens, il le reconnait, ne sont pas faits pour les jeunes seigneurs ; ils sont « chargeants » (importuns) ; on rit d'eux : ils se fâchent. Le prince n'aime pas les critiques ; la princesse a ses caprices ; elle « tient en aprece » (traite durement) quiconque a eu le malheur de lui déplaire :

Car jeune et vieux ne sont pas d'un accord [1].

Des Champs dut songer plus d'une fois à prévenir, par une retraite volontaire, la disgrâce prévue. C'est pour lui-même qu'il écrivait :

Puis que (*dès que*) l'on voit, par longue expérience,
Que bien servir ne faire loyaument
A son seigneur, qui n'en a cognoissance (*reconnaissance*)
Ne remérir (*reconnaître les services*) ne vuet aucune-
Et à autres, venus soudainement,   [ment,
Donne le sien, sans cause et sans desserte (*service
Son temps user en tel lieu, n'est que perte : [rendu)*,
On se doit lors retraire de lui, mais
Subtilement, et par voië couverte
Soi despartir : mieux vaut tard que jamais [2].

C'est la folie du pauvre homme d'attendre son congé au lieu de le prendre[3]. Des Champs comptait sur un retour de faveur : au commencement de l'année 1404, il fut prié de se dé-

---

[1] *Man.*, 386.
[2] *Man.*, 445.
[3] *Man.*, 286.

mettre de son bailliage. Le coup lui fut sensible : le duc d'Orléans, alors tout-puissant dans
le conseil du roi, en était l'auteur. Des Champs
avait pour successeur Pierre de Précy, comme
lui maître d'hôtel du prince, mais plus jeune
sans doute et plus adroit. Son cœur déborde :

> Advisez-vous, tuit serviteurs de court ;
> Car aussi tost que vous y avez grace (*faveurs*),
> De toutes parts envië sur vous court,
> Et n'y avez fors un pié sur la glace.
> Pourchaciez (*tâchez d'obtenir*) lors que prince bien vous
> De don d'argent ou de chose vendable,   [face
> Ne d'offices, qui sont à voulenté (*révocables arbitraire-*
> Tost sont tolu, et en brief révocable :   [*ment*) ;
> C'est le plus sain que d'estre bien renté,
>
> Et d'acquérir, pour le temps qui décourt (*s'en va,*
> [*décline*),
> Terre et maisons, ains (*avant que*) que jeunesse part,
> Ne que l'on soit goutteux, viellart ne sourt
> Par trop servir ; car on fait la grimace
> A vieuls servans : la court les fuit et chace.
> S'ils n'ont de quoi, lors sont très-misérable :
> Mauvais se fait attendre à (*compter sur*) autrui table
> Tel fait le grant, qui est fort endebté,   [(*étrangère*)
> Et qui languit par sa coulpe damnable :
> C'est le plus sain que d'estre bien renté…
>
> Jeunes servans, retenez ce notable (*axiome, sentence*) : .
> Com vous estes, fumes-nous agréable,
> Et tel que nous serez-vous rebouté.
> Pour vivre lors en estat secourable,
> Pensez d'avoir un recept convenable :
> C'est le plus sain que d'estre bien renté [1].

Notons encore une pièce remplie d'amertume, et qui porte sa date avec elle :

---

[1] *Man.*, 322, col. 2.

> Je ne cessai, depuis trente-deux ans [1]
> Homme [2] servir, en grant travail et peine,
> Matin lever, chevauchier par les champs,
> Par tous païs, pour quérir gloire vaine,
> User mon corps, tant que n'ai nerf ne veine,
> Piz (*poitrine*), ne costé, jambes, bras, qui ne sente
> Doleur partout; et jeunesce s'absente (*est partie*),
> Vieillesce vient, qui mes mauls me raconte,
> Et qui fera la povre ame dolente;
> Car en la fin nous faut tous rendre compte.
>
> Guerdon (*salaire*) me faut; car nuls n'est recordans
> De mes travauls; chascuns cy garde preigne;
> Car quant fruit *faut* (*quand il ne peut plus se rendre*
> [*utile*] *viels* homs devient chargaus [3] ...

Mais c'en est fait; le voilà libre désormais; les basses et viles intrigues auxquelles il attribue sa disgrâce ont rompu les liens qui le retenaient en esclavage [4]. Il demande grâce à

---

[1] 1371-1404. Il s'agit du duc d'Orléans.

[2] Le duc d'Orléans, né en 1371.

[3] *Man.*, 355.

[4] Ailleurs, il signale trois sortes de gens dont il faut éviter le service : le peuple, les femmes, les enfants. Les femmes sont soupçonneuses, vindicatives : à la première faute, elles punissent le coupable, sans vouloir même entendre sa justification. Les enfants rendent le mal pour le bien, témoin Sénèque et Boèce. (V. *Man.*, 940 et 345). Dans une ballade (*Man.*, 260), il s'exprime ainsi :

> Prince, je tien, puisqu'enfance foloie (*est folle*),
> Que cils est fols qui s'y croit (*s'y fie*) ne aloie (*allie*)
> Et qui la sert, s' (*si*) ailleurs puet s'adresser;
> Car le bienfait rémunérer desvoie (*elle manque à*);
> L'on dit ce mot, que dire ne soloie (*je n'avais pas l'habi-*
> En jeune amour ne se doit nuls fier !   [*tude*) :

Ne serait-on pas tenté de supposer, à lire ces plaintes (V. aussi CHAP., 29) sur l'ingratitude habituelle à l'enfance, que des

« Franchise » (la liberté), sa patronne, de l'avoir si longtemps délaissée [1] :

> Très-humblement (*je*) vous vueil (*veux*) crier merci
> Et retourner en vostre seignourie,
> Dont franc (*moi, né libre*) me sui folement desparti.
> — Et qui es-tu ? di le moi, je te prie.
> — Je sui Robins [2], né de franche lignie,
> Du droit du ciel naturel, primerain ;
> Or me sui fait serf, convoiteux, vilain,
> Pour robe avoir, vin, viande et estat :
> Bien a (*il y a bien*) trente ans, ne goustai de franc pain :
> Fouls est li homs que servitude bat (*dompte, subjugue*).
> Las ! quant de vous, ma Dame, me parti (*je me séparai*),
> Franc vivoië (*je vivais*) de pain et de bouillie :
> Tout m'estoit bon ; tourment n'oy (*n'eus*) ne souffri,
> N'encontre moi ne regna nule envie.
> Es bois couchai sous la franche feuillie ;
> De douce eauë buvoië soir et main ;
> J'estoië liez, gais, amoureux et sain ;
> Envie adonc ne me fit nul debat (*querelle*) :
> L'orde salle [3] m'a bracié ce levain :
> Fouls est li homs que servitude bat.

Le duc d'Orléans s'émut sans doute de ce

Champs avait été chargé un instant par la duchesse d'Orléans de la direction de son jeune fils Charles, le futur poète, né en 1391, et que l'enfant, mécontent de son précepteur, se plaignit à sa mère, qui lui donna raison ?

[1] *Man.*, 343 : *Comment Robin crie merci à Franchise.*

[2] Des Champs lui-même.

[3] La « salle » est l'appartement, la galerie où se réunissent les courtisans, les officiers de service, comme la « chambre » est l'appartement privé du prince. Des Champs réunit parfois ces deux termes pour désigner la cour :

> Ceste loi court et en chambre et en salle...
> (*Man.*, 7, col. 3).

reproche d'ingratitude qui lui revenait sous toutes les formes : des Champs ne tarda pas à recevoir une éclatante réparation de l'injustice dont il était victime ; au mois de mai 1404 le roi, à la requête de son frère, nommait le bailli démissionnaire aux fonctions de « Trésorier de finances sur le fait de la justice ». L'ordonnance du 7 janvier 1400 avait, il est vrai, aboli la juridiction des Trésoriers en matière de finances ; mais le roi voulut, par une dérogation expresse aux prescriptions de cette ordonnance, récompenser le « sens » (les talents), la « preudhomie », la « loyauté » de l'un des plus vieux et des plus fidèles serviteurs de la maison royale[1]. Que se passa-t-il cependant, et quelles influences contraires vinrent peser de nouveau sur la volonté du faible prince ? Les « Lettres de provision » qui instituent des Champs en possession de son nouvel emploi portent la date du 19 mai 1404 : le 4 juin suivant, le jour même où la Chambre des Comptes enregistrait ces lettres conçues en des termes si honorables pour des Champs, une ordonnance paraissait, adressée aux « Gens des Comptes ». Le roi y déclarait que « comme l'of-

---

[1] V. Crap. *Add. au Précis Hist.*, p. XIV, sq. q.

fice de Trésorier de France est fort notable,
et que son exercice requiert un grand sens,
discrétion et industrie », il révoquait « les no-
minations précédemment faites et obtenues »
de lui « par importunité », et ramenait les
Trésoriers au nombre ancien, s'en référant pour
le surplus aux termes de son ordonnance du
7 janvier 1400.

Mais ce ne fut pas la dernière surprise ré-
servée à des Champs. A peine débouté de son
emploi de Trésorier, il devint Général des Aides.
Des Champs, transformé en un de ces financiers qu'il exècre, et dont il a écrit :

> Ou j'arderai (*je brûlerai*) tous les livres que j'ai,
> Qui ont traité de vertus et de vices,
> Ou en brief tems le jugement verrai
> Des graus menteurs qui tiennent les offices [1]...

voilà certes une bizarre et humiliante mé-
tamorphose ! Selon toute apparence elle lui
fut épargnée; son titre de Général fut encore
plus illusoire que ne l'avaient été ses fonctions
de Trésorier [2].

---

[1] *Man.*, 290.

[2] Nous sommes forcés de nous contenter sur ce point de
l'affirmation, assez obscure, de des Champs :

> Première fut ma démission
> De Bailli, puis secondement
> De Trésorier. Tel motion (*changement*)

A partir de ce moment, la trace de des Champs nous échappe. Il dut achever ses jours dans la retraite. M. Crapelet veut que sa mort ait précédé de peu celle du roi Charles VL: on ne sait sur quel indice il le fait vivre si vieux, pas plus qu'il n'apporte de raison pour le faire naître en 1328. Selon M. Tarbé, son existence ne se prolongea pas beaucoup au delà de l'année 1410.

J'inclinerais à penser que des Champs suivit de près ou même précéda dans la tombe le duc d'Orléans, assassiné comme on sait le 23 novembre 1407. Des Champs avait contre ce prince de légitimes griefs; il appréciait avec sévérité son caractère et ses actes. Est-il admissible pourtant qu'un si odieux attentat ne lui eût pas arraché un mot de pitié pour la victime, de réprobation contre le meurtrier? Il

> M'a fait despendre (*dépenser*) mon argent
> Au scel : si (*aussi*) m'en plains durement:
> Cinquante et un sols ! S'en sui nice (*dupe*)
> Par trois fois, et n'ai bénéfice
> Fors, Général, qui m'est donnés
> Par le roi. Mais le cuer me glice (*me manque, j'ai peur*)
> Que je ne soïë révoqués...
>
> (TARB., II, 21).

Ce passage ferait supposer que des Champs reçut du roi la promesse d'un emploi de Général des Aides ou du traitement attaché à ces hautes fonctions de finances, et que cette promesse resta sans effet.

n'est pas conforme aux habitudes de des
Champs de garder le silence sur des faits moins
importants, pour peu qu'ils l'intéressent. Comment n'aurait-il rien dit d'un événement de
cette nature, et dont les conséquences furent
si terribles ? Or on ne relèverait pas, dans toutes
ses œuvres, une allusion, même lointaine, à la
mort du duc d'Orléans. Il paraît donc, sinon
absolument certain, du moins fort probable,
que des Champs était mort au moment où ce
prince tomba sous les coups de Jean-Sans-
Peur.

CHAPITRE XVI

Nous avons vu le mécontentement de des
Champs croître avec les années ; à mesure qu'il
est moins satisfait de sa fortune, il devient plus
sévère à son siècle. Est-ce à dire que l'intérêt
personnel soit la seule règle de ses jugements,
l'unique mobile de ses plaintes ? il serait injuste
de le penser. Des Champs apporte dans l'ap-
préciation des hommes et des actes un réel
souci de la probité. Il s'est fait une idée très-
nette, très-élevée même du devoir, et ce n'est
pas un faible mérite à une époque où la notion
du bien et du mal était fort obscurcie dans les
intelligences :

> Chascuns doibt faire son devoir
> Es estas (*situations*) où il est commis...

> Faisons bien, sans homme doubter (*redouter*)...
> On ne puet estre aimé de tous [1].

Il n'y a pas, à ses yeux, pour un homme, de malheur comparable à l'infamie qui suit le crime :

> Il vaudrait mieux l'homme de faim périr,
> Tant soit puissant, que mal renom avoir [2].

S'il ne dépend pas de nous d'être heureux, il dépend de nous d'être honnêtes :

> Se puet chascuns net maintenir qui vuelt...
> Fai ce que dois, et aviegne que puet [3],

dit-il en s'appropriant un mot déjà célèbre : c'est la devise qu'il propose à son fils.

L'injustice le révolte ; il ne sera jamais du parti des oppresseurs, dût-il être opprimé lui-même :

> Encor vaut mieux, quoi qu'on die,
> Souffrir qu'avoir cruauté [4]...

Faut-il choisir entre la pauvreté et la grandeur achetée à ce prix, des Champs n'hé-

[1] *Man.*, 297.
[2] *Man.*, 368.
[3] Crap., 11.
[4] *Ib.*

site pas ; il garde avec son honneur le repos de
sa conscience. Sa déclaration est nette et
ferme :

> On parle de seignorie
> Et d'avoir auctorité ;
> Mais je ne sai tele vie,
> Que de nette (*honorable*) povreté [1]...

Il s'est fait à son usage une philosophie composée de bon sens, de religion, d'expérience
pratique. Il sait que la félicité n'est pas atta-
chée à la possession des biens extérieurs, mais
qu'elle dépend de la paix du cœur, de l'empire
exercé sur soi-même, de la modération dans
les désirs. Vous allez à la cour briguer les
honneurs, disputer les charges ; c'est un long
et périlleux chemin ; le poète vous enseigne
une route plus sûre et plus courte : rester son
maître et ne dépendre de personne, voilà un
des secrets du bonheur :

> Mieux vaut mangier du potage et des chos (*choux*),
> Estre vestus de gros drap de village,
> En labourant (*travaillant*) soit tenir rond et clos
> Sur son bestail, vivre de labourage
> Moyennement, en son petit mesnage,
> Franc de son corps, en seureté et pais,
> Qu'estre en paour en un riche palais,

[1] *Man.*, 1.

> Et monter haut pour descendre trop bas...
> Périlleux sont partout les grans estas... [1]

Plût à Dieu que chacun voulût, comme lui, se tenir à sa place, sans jeter un regard de convoitise sur le prochain :

> Je ne vueil mal à personne qui vive,
> Et me suffit ce que Dieu m'a donné...
> Au bon moyen (*pratiques honnêtes*) soit chascuns atourné :
> Suffise-lui son mestier et sa terre !
> Mais j'en sai moult, qui sont abandonné
> A convoitier et tout vouloir acquerre... [2]

C'est proprement le mal du siècle : chacun aspire à sortir de sa voie

> Par le deffaut de vraië cognoissance [3].

Comme si chaque condition n'avait pas sa raison d'être, et son mérite propre ! comme si le laboureur à sa charrue n'était pas aussi nécessaire que le roi sur son trône ! Des Champs est un esprit assez libre, et plus dégagé des préjugés de caste qu'on ne l'était de son temps. Il ne professe aucun dédain pour le vilain, l'artisan, l'homme qui travaille de ses mains, et vit de son métier. L'idée de l'égalité primi-

---

[1] *Man.*, 286.
[2] *Man.*, 5.
[3] *Man.*, 6.

Des C. 15

tive entre les hommes n'a rien qui le choque, bien qu'il ne s'en fasse pas une arme contre l'autorité établie[1].

Aux suggestions de l'envie, il oppose un excellent préservatif, le spectacle des choses d'ici-bas. Pour un esprit bien fait, le sort du riche et du puissant est-il donc si désirable? Comment s'acquiert cet or, dont nobles et vilains veulent avoir « pleine corbeille » ?

> ... Riches vuet (*veut*) les autres subvertir (*renverser*),
> Et tout avoir, faire chascun martyr,
> Sans regarder n'à (*ni à*) pitié n'à honeur,
> Sans Dieu doubter... [2]

Le riche est roi en ce monde ; mais quel sera son partage dans l'autre?

> Il suffit bien (*c'est assez pour lui*) de ces joiës sentir
> Mondainement, et qu'il tiegne en crémeur (*crainte*)
> Les basses gens, et se fasse crémir (*craindre*),
> Qu'il ait argent, or, joyauls, et la fleur
> Des richesses, dont autres ont doleur.
> Qui ainsi fait, on le tient pour vassaut (*puissant et heu-*
> [*reux*) :
> Mais, en la fin, leur faurra (*faudra*) faire un saut,
> Dont la mort fait tomber les plus hardis
> En l'infernal palud (*marais*)... [3]

[1] *Man.*, 258.
[2] *Man.*, 1.
[3] *Man.*, *Ib.*

Ce vœu de médiocrité qu'il fait pour son compte, il le recommande à tous. Pourquoi n'attacher l'idée de richesse qu'à la possession des monceaux d'or et des vastes domaines?

> Riches est cil (*celui*) qui puet aler partout, [1]
> Qui d'autrui bien n'a nulle fois envie,
> Et qui se set sagement gouverner
> Et maintenir, en toute compagnie,
> Au gré de tuit, et sans faire folie,   [*plaisir*).
> Qui, en ouvrant (*travaillant*), prent ainsi son déduit
> S'il lui souffit (*s'il a de quoi vivre*), ce proverbe n'oublie :
> « Tel a po (*peu*) bled, qui a assez (*beaucoup*) pain cuit. »[2]

A quoi bon étendre ses désirs au-delà de ses besoins?

> Ne vous chaille (*ne vous occupez pas*) de tendre à amasser ;
> Mais ne pensez qu'à mener bonne vie...
> Qui a santé, pour Dieu ! ne se soucie [3].

La santé, voilà le premier, l'indispensable trésor ! Un fait s'est imposé à l'esprit observateur de des Champs : c'est la mortalité qui, de son temps, pèse sur la noblesse ; rois et papes, princes et légats ont grand peine à fournir la

---

[1] *Man.*, 36.

[2] C'est presque le mot d'Horace, que des Champs ne connaissait pas, et avec lequel il s'est rencontré plus d'une fois :

> Dum ex parvo (*acervo*) nobis tantumdem haurire relinquas,
> Cur tua plus laudes cumeris granaria nostris ?
>
> (*Sat.*, I, 1, v. 51, 52).

[3] *Man.*, 36.

moitié de la carrière. Ils sont plus souvent malades que leurs « povres vassaux »

> Et vivent moins...

D'où peut venir cependant

> Qu'uns povres homs, qui mène ses chevauls,
> Voit quatre Rois et leurs règnes fenir (*finir*) ?
> Je m'en merveil ; car ils ont tuit leurs bons (*caprices*),
> Et se tiegnent moites, fourrés et chauls (*chauds*) ;
> Et un ouvrier et un povres chartons (*charretier*)
> Va mauvestus, dessirés (*déchiré*) et deschaus...
> Mais, en ouvrant, prent en gré ses travauls,
> Et lièment fait son euvre fenir,
> Par nuit dort bien ; pour ce un tels cuers loyauls (*ce brave
> [homme*).
>
> Voit quatre Rois et leurs règnes fenir. [1]

Des Champs s'est plu à faire le compte d'une vie humaine de soixante ans ; c'est bonne mesure, ajoute-t-il. Seize années appartiennent à l'enfance : c'est le printemps de la vie[2], frêle saison, âge de la faiblesse, où l'homme se cherche sans se connaître encore. Viennent quinze années de jeunesse, et souvent de folie[3]. Dix ans sont employés

> pour tirer à ses mains
> L'avoir mondain, qui à dure (*péniblement*) s'assemble [4].

---

[1] *Man.*, 40.
[2] CRAP., 19.
[3] *Man.*, 7.
[4] *Man.*, 7.

Les dix années qui suivent sont celles de la maturité, et souvent aussi des chagrins [1]; dix années enfin amènent le déclin, la langueur, les infirmités. Des Champs a recommencé plus d'une fois, souvent avec grâce, parfois d'un ton maussade et bourru, ce parallèle entre la jeunesse et la vieillesse [2]. On sent qu'il a porté tristement le poids des années. Il aurait souscrit volontiers, ce semble, au mot de la Bruyère [3]: « A parler humainement, la mort a un bel endroit, qui est de mettre fin à la vieillesse ». Il se montre vivement frappé de la fragilité de l'être humain, de cette égalité finale devant la mort, sous la main de Dieu [4]. De quelle distinction de naissance, de fortune ou d'esprit oseraient se flatter les hommes en face de la tombe?

> Nul ne se doibt, pour grante extracion,
> Pour grant savoir, pour avoir, pour puissance.
> Enorgueillir, n'avoir présomption
> De trop valoir, n'estre pleins de bobance (*faste*);
> Car uns chascuns voit, par expérience,
> Que tels est huy fors, légiers et appers (*allègre*),

[1] *Man.*, 86.
[2] *Man.*, 105.
[3] La Bruyère, Ch. de l'Homme.
[4] Crap., 12.

> Qu'un po (*peu*) de fièvre met en tel balance (*hasard, mi-*
> [*sérable situation*)
> Qu'on le judge viande pour les vers [1].

Qui serait bien avisé n'aurait « cure des biens terriens »; à quoi bon se préoccuper d'acquérir pour cette « charogne » qui dure si peu ? [2] Que deviennent, à cette mesure, l'ambition, la soif des conquêtes, ces grands conflits entre les peuples, ces cruautés, ces incendies, ces pillages, qui forment la trame sanglante de l'histoire? [3] Ces misérables satisfactions de la vanité et de l'orgueil nous échappent au moment même où nous croyons les tenir. Ni la grandeur, ni la gloire, ne nous défendent : vaillants chevaliers, fondateurs d'empire, beautés célèbres, il n'y a d'exception pour personne :

> Qu'est devenu David, et Salomon,
> Mathusalem, Josué, Machabée,
> Holophernes, Alexandre et Samson,
> Jules César, et Hector, et Pompée ?
> Où est Crésus, à tout (*avec*) sa renommée ?
> Artus li Roi, Godefroi, Charlemaine,
> Daires (*Darius*) le grant, Hercules, Polomée (*Ptolémée*) ?
> Ils sont tuit mors ; ce monde est chose vaine [4].

> Qu'est devenu Denys, le roi félon,
> Job le courtois, Tobie et leur donnée (*lignée*),

[1] *Man.*, 28.
[2] *Ib.*
[3] CRAP., 107.
[4] V. CRAP., 108 :
    C'est tout néant des choses de ce monde.

Aristotes, Hippocras (*Hippocrate*) et Platon,
Judith, Esther, bonne Pénélopée,
Reine Dido, Pallas, Juno, Médée,
Genièvre, Yseult et la très-belle Hélaine,
Palamédès, Tristan à tout (*avec*) s'espée ?
Ils sont tuit mors : le monde est chose vaine...

   Où est celui qui conquit Aragon (*du Guesclin*) ?
Où est Clovis et le roi Mérovée ?
Où est celui qui fonda Avignon,
Qui fit Paris où elle est située,
Reims, et Rouen ? leur fin (*la borne de la vie*) est tres-
                    [muée (*passée, franchie par eux*) ;
Nul homs ne puet avoir vië certaine,
Pour sens qu'il ait, ne finance amassée :
Ils sont tuit mors : ce monde est chose vaine.

   Bienfait (*les bonnes actions*) s'en va o (*avec*) l'âme et le
                          [renom :
Si (*mais*) demourra exemple à la lignée ;
Li (*les*) dessus dits n'orent (*eurent*) autre guerdon,
Ne li présens n'aront autre souldée (*salaire*),
Au mieux venu (*à mettre les choses au mieux*) ; pour ce est
                    [trop fol qui bée (*aspire*)
A faire rien qui soit chose vilaine.
Remembrons-nous de la gent ci-nommée :
Ils sont tuit mors : ce monde est chose vaine [1].

Villon reprendra un jour ce thème ; il don-
nera à la pensée un charme plus pénétrant ;
et sa Ballade des Dames du temps jadis semblera la plainte émue de la jeunesse et de la
beauté. Des Champs ne saurait être comparé à
Villon ; ses vers ne manquent pourtant ni de
vigueur, ni d'accent.

[1] *Man.*, 123, col.

Ailleurs il montre à l'homme la mort présente à sa naissance, et mettant la main sur lui dès le berceau :

> Dès que tu nais, la mort en toi abonde...

L'or allume tes convoitises, ajoute le poète,

> Et si (*pourtant*) (tu) lairras les richesses mourant,
> Ou te lairront par fortune de guerre...
> Toi mort n'aras fors que sept pieds de terre.

Regarde, et que cette vue te guérisse de l'ambition : les rois, dévorés de la soif des conquêtes,

> Le sang humain font espandre à grant onde,
> Les vaillans cuers et le pueple mourir...
> Par le vain nom (*pour la vaine gloire*) d'autrui païs ac-
> [querre.

Veux-tu faire comme eux? l'âme « qui s'échappe tremblante » de tous ces corps ira déposer contre toi au tribunal suprême. Que reste-t-il de tant de forfaits? sept pieds de terre, un nom déshonoré, une âme réprouvée :

> Tu aras bien ta fosse plus parfonde (*profonde*),
> Et grant tumbel pour icelle couvrir ;
> Mais là convient que ton convoitier fonde (*s'évanouisse*),
> Et de sept pieds te faut content tenir,
> Estre oublié, et cendres devenir.
> Ton nom pervers iert (*sera*) au monde manans (*restant*),

Ton esperit (*âme*) ara (*aura*) divers tourmens
Pour ses péchiés... [1]

Il ne peut se lasser de voir l'homme[2], ce
« pélerin » de la vie se hâter lui-même et
courir vers le but, comme s'il avait peur de ne
pas l'atteindre assez tôt.

> Trop me merveil de créature humaine
> Qui tous dis court et ne puet demeurer,
> Que son désir à la mort ne la mène;
> De jour en jour n'y fait que labourer (*travailler*).

> Chascuns quiert le droit chemin,
> Et se haste pour abrégier sa fin.
> Car toute riens (*chose*) qui naist sur mort se fonde,
> Les gens ne sont que mortel pélerin :
> Tous sommes fais trespassans par ce monde[3].

Mais des Champs n'est pas toujours ce mora-

---

[1] *Man.*, 108.

[2] Un jour, peut-être au sortir d'une de ces passes d'armes
fastueuses dont il était le héraut poétique, des Champs, rentré
dans sa « chambre de livres », écrivait les vers qu'on va lire.
C'est l'âme qui, gourmandant le corps, lui reproche sa bassesse
et ses exigences. Encore s'il pouvait posséder longtemps l'objet
de ses convoitises, mais non !

> Et qui pis est, jà ne seras si fort,
> Si grant, si beau, de si noble stature,
> De si grant sens ne richesse, que mort
> Ne te mette dessous sa couverture.
> Pare-toi bien, chétive créature ;
> Huy te voit-on comme roi couronner,
> Demain mourir et en cendres tourner.
>
> (*Man.*, 59.)

[3] *Man.*, 105.

liste sévère ; c'est aussi un philosophe aimable, qni sait prendre son parti du train du monde, et vous invite à l'imiter[1]. Ne vous laissez pas

[1] Le joli virelai qui suit nous montre en des Champs ce sage aimable et sans rudesse :

Il n'est avoir, ne (*ni*) richesse,
Estat (*fortune*), sens (*talent*), ne gentillesse (*noblesse*),
Qui valent tant que santé,
Et si sont gens à planté (*en quantité*)
Qui ont du garder (*cette santé*) paresse.
  Car pluseurs, quand ils sont sain,
Ont la santé en desdain,
Et se gastent par excès
De boire et mangier sans faim,
A toute heure, soir et main (*matin*) ;
Et puis, quant sont trop replets,
Vient maladie et destresse,
Fièvre, angoisse, qui les blesse.
Là (*alors*) sont fortment tourmenté
D'escorges (*escourgée, coups de fouet*) destalenté (*déplaisant*),
Dont maint d'euls la vië laisse.
  Il n'est avoir, etc...
  Se le monde avoiënt plein
De fin or, c'est tout certain
Que, pour passer un accès (*de fièvre*),
Le donrroiënt par (*de*) leur main
Pour garir d'huy à demain.
Mort est périlleux procès (*pas*) :
Homs mort n'a plus de hautesse ;
Chascuns le fuit et délaisse ;
Si (*ses*) enfans, son parenté
Treuvent le corps envilté (*ignoble, repoussant*) :
Si (*aussi*) fait bon vivre en léesse (*liesse*).
  Il n'est avoir, etc...
  Plus grant chose est d'un vilain
Qui vit, et n'a que du pain,
Qui est sain, puissant (*vigoureux*) et frais,
Que d'un roi par cas soudain
Trespassé ; son nom est vain,
Quant en terre est ses (*sa*) retrès (*retraite, demeure*).

envahir par le chagrin; vous n'avez qu'une /
vie, et souvenez-vous qu'elle est courte :

> Laissiez ce mal temps aler,
> Et pensez de réjoïr ;
> Car l'en (*l'on*) doibt courroux (*chagrin*) fuïr,
> Qui vuet longuement durer.
> Pour riens (*chose*) qui puist advenir
> Homs ne se doibt despérer ;
> Car, à tout considérer,

> Qui a santé en largesse,
> Contre droit ne la compresse (*détruise*) ;
> Mais ait bonne volonté (*grande attention*)
> Que par garde en soit renté ;
> Car, quant maux (*maladie*) vient, tout bien cesse.
> Il n'est avoir, etc... [1]

[1] *Man.*, 270, col. 1. Voici quelques extraits d'une pièce écrite du même ton (*Ib.*, col. 1) :

> Chascuns parle de chevance acquérir,
> D'avoir estat, puissance et renommée,
> Qu'on se voië de pluseurs requérir,
> Qu'on ait honeur (*dignité*), qui tant est désirée :
> C'est tout triboul et labeur de pensée.
> Je ne vueil rien au cuer qui me desplaise ;
> Mais, en passant de journée en journée,
> Il me souffit que je soië bien aise.

> Ne sai-je bien qu'il faut chascuns mourir ?
> Sans espargnier personne qui soit née,
> Nature fait tout homme à mort courir ;
> C'est sans rappel, par sentence ordonnée (*dûment ré-*
> [*digée*).
> Pourquoi est donc vië désordonnée
> Pour acquérir la chevance mauvaise ?
> Fi de l'avoir et richesse emmurée !
> Il me souffit que je soië bien aise...

> L'âge est brief au mieux venir (*en mettant les choses*
> [*au mieux*),
> Que l'en puet anientir (*réduire à néant, miner*)
> Par tristesse démener.
> Laissiez ce mal tems aler [1]...

Sa colère contre les vices du siècle se tourne parfois en mélancolie :

> On se destruit par un po de plaisance,
> Où nul bien n'a (*il n'y a*), fors sotie et foleur,
> Orgueil de cuer, vaine gloire et despense,
> Que li chétis (*les fous, les sots*) vuelent nommer ho-
> [neur...
> Que ne laissons (*laissons-nous*) vanité pour vertu [2] ?

Il lui arrive de se dérider et de sourire ; il n'en est que plus persuasif :

> Pourquoi vuet-on tant de terre acquérir ?...
> A chascun doit suffire, quoi qu'on die,
> Vivre (*le vivre*) [3], une chambre, une cote (*robe*), un
> [cheval.
>
> Qui plus a gens, plus lui convient soufrir,
> Les gouverner au matin et au soir ;
> Trop de robes font la bourse apovrir,
> Trop de maisons gendrent (*engendrent*) povre ma-
> [noir [4]...

---

[1] *Man.*, 198.

[2] *Man.*, 25.

[3] « Vivre » a souvent le sens de manger dans des Champs :

> Puis dois (*tu dois*) vivre sobrement,
> Promptement,
> Non longuement...
>
> (Lai du Roi, Chap., 63).

[4] *Man.*, 64.

La fortune n'est-elle pas un esclavage, et le
pire de tous? Celui qui vit content de peu est
plus sage que Salomon, plus riche que Crésus:

> Las ! qu'ont li roi et li baron
> Plus de (*que*) ceuls qui vont à la bise,
> Fors un po de subjécion
> De pueples, qui leur est commise ?
> De par Dieu, s'ils ont plus de mise,
> Aussi ont-ils plus à soufrir [1].

Voilà comme parle le sage quand, revenu de
ses illusions, et rapprochant dans sa pensée
les diverses conditions des hommes, il déclare
la fortune et la grandeur plus dignes de pitié
que d'envie. Nous n'avons pas ici la langue
d'Horace; mais c'est la même philosophie.

---

[1] *Man.*, 67. Cf. HOR. *Od*. III, 16.

> Crescentem sequitur cura pecuniam,
> Majorumque fames. Jure perhorrui
> Late conspicuum tollere verticem,
> Mæcenas, equitum decus.

CHAPITRE XVII

Des Champs ne dépassa guère les premières années du XVe siècle ; mais il put en voir les débuts si tourmentés, si gros de tempêtes. Le spectacle qui se déroulait sous ses yeux n'était pas fait pour calmer ses craintes et rassurer son imagination inquiète. Il se rencontre parmi ses œuvres des pièces d'un caractère particulièrement sombre. Ce ne sont plus des satires : ce sont des anathèmes lancés contre le siècle, ou de sinistres prophéties. Des Champs avait assisté aux préparatifs de l'expédition fastueuse qui entraînait vers les plaines de Nicopolis la fleur de la chevalerie française. S'il n'était pas à l'hôtel Saint-Pol dans cette terrible nuit de Noël où la nouvelle du désastre éclata comme la foudre et réveilla le roi (1396), il fut témoin

du deuil des veuves et des mères. Son esprit
est frappé de cet immense désastre où s'abîme[1]
une armée tout entière. Il y voit une de ces
grandes expiations qu'inflige aux princes et aux
peuples la colère du ciel[2], un coup de cette
foudre que Dieu tient en sa main contre ceux
qui refusent de s'amender[3] ; et s'adressant
surtout à ces grands si orgueilleux et si con-
fiants,

> Princes, barons (dit-il,) et toute seignourie,
> Sujets à Dieu, de sa création,
> Pueples, régens, qui avez mort et vie,
> Et qui souffrez doleur et passion
> Comme les gens de povre nation (*origine, naissance*),
> En vos règnes n'aiez trop grant fiance.
> Sans Dieu douter (*s'ils ne craignent Dieu*), sans
> [bonne conscience,
> Cils dépose les puissans de leur lieu ;
> Force n'y vaut, bataille ne puissance :
> Les victoires sont en la main de Dieu [4].

Mais les fêtes, un instant suspendues[5],

---

[1] V. Tarb., I, 165, la ballade dont le refrain est :

> Je ne voy que tristesce et plour,
> Et obsèques soir et matin.

[2]
> Princes et rois, menez tous bonne vie...
>   Pensez de Romanie,
> Du temps présent à Damas, à Turquie...
>   (*Man.*, 328).

[3] *Man.*, 329.
[4] *Man.*, 328, c. 2.
[5] V. Tarb., I, 165.

avaient repris leur cours. La maladie du roi n'empêche pas les mascarades, les orgies. Les scandales s'étalent publiquement[1] : chacun tient à son vice :

> Envie, ambition,
> Péchié de char (*chair*), tuit vice vil et ord (*sale*)
> Règnent partout [2]...
> Princes, vueillez à ces poins regarder,
> Ou nous aurons jugement (*condamnation*) trop amer,
> Dont grant doleur venrra (*viendra*) prochainement [3].

Les princes auxquels des Champs adresse cette adjuration pressante sont les premiers fauteurs de la corruption publique et de l'anarchie ; et ce n'est plus entre eux, comme autrefois, une rivalité sourde, c'est presque une lutte à main armée. Bourguignons, Flamands, Brabançons se pressent autour du duc de Bourgogne, pendant que le duc d'Orléans appelle à lui les bandes du Poitou, de la Gascogne, de l'Armagnac. Les deux rivaux prennent position en face l'un de l'autre, et l'on put craindre un instant que Paris ne devînt le théâtre sanglant de leur querelle. La France a comme un avant-goût de la guerre civile, et la guerre étrangère va se rallumer. On réussit pourtant à réconci-

---

[1] *Man.*, 254.
[2] *Man.*, 254.
[3] *Man.*, 284.

lier les deux partis en vue d'une entente commune contre l'Angleterre. Le duc d'Orléans fit équiper à Brest une flotte destinée à jeter une armée dans le pays de Galles, et des Champs écrivit peut-être vers la fin de 1404 une ballade où il semble aiguillonner la lenteur des chefs :

> Il ne faut pas muser si longuement,
> Qui conquérir vuet aucune contrée,
> Ne temps passer (*perdre*), n'avoir son aisement (*ses
> [aises*) :
> Travailler faut pour avoir renommée ;
> Richesce, honeur ne sera jà donnée
> Au paresseux, car rien ne puet conquerre,
> Ains (*mais*) pert (*périt*) toudis. Chose est déterminée
> [*certaine*) :
> Vaillans cuers puet en tout temps faire guerre.
>   Princes, passez sans point de demourée ;
> Vostre sera le païs d'Angleterre ;
> Autrefois l'a un Normand conquestée :
> Vaillans cuers puet en tout tems faire guerre [1].

Mais le comte de la Marche, chargé de la direction de l'entreprise, ne put s'arracher aux délices de Paris (août-septembre 1404). En Guienne, le duc d'Orléans gaspillait l'argent levé pour la guerre, laissait affamer les troupes, et revenait sans avoir rien fait. Le nouveau duc de Bourgogne[2] échouait de même sous les murs de Calais.

---

[1] *Man.*, 304, col. 2.
[2] Philippe le Hardi était mort le 27 avril 1404.

Au dedans, la rébellion prenait la forme la plus redoutable. L'Université se refusait à payer la dîme levée sur le clergé par le duc d'Orléans déclaré lieutenant-général du royaume, faisait lacérer les bulles de l'anti-pape (Benoît XIII), fermait ses écoles, suspendait les prédications. Tout se tournait en esprit de révolte et d'anarchie : on ne savait où commençait, où finissait le droit. Nul ne se souciait plus de respecter la « règle », cette « fille de la raison, » comme la nommait si bien des Champs, « aimée des pères et désertée par les fils[1] ».

Voilà ces « temps de douleur et de tentation[2]» dont la vue attristait l'âme et la vieillesse de des Champs. A peine, de loin en loin, un événement moins sombre dans cette suite non interrompue de malheurs. Un prince, celui-là même qui devait être Charles VII, naît en 1403. Cet enfant est-il destiné à guérir les plaies de la France? ramènera-t-il la victoire et la fortune? Des Champs se berce de cette illusion. Le nouveau-né s'appelle Charles, nom de favorable augure[3] :

> Doulce France, preu en toi réconfort ;

---

[1] *Man.*, 243.
[2] Crap., 5.
[3] V. Crap., 23.

Resveille-toi ; soië de joië pleine,
Car cils (*celui-là*) est né qui doit par son effort
Toi restaurer : c'est le roi Charlemaine.
Charles (*Charles VI*) a nom, qui de jour en jour maine
Ses osts pour toi : son fils (*le nouveau prince*) doit
[recouvrer
Ce qu'as perdu, accroistre ton domaine,
Et conquérir la terre d'oultre mer [1].

Des Champs était mort depuis bien des années quand son rêve s'accomplit en partie.

Il eut le temps de voir descendre au tombeau quelques-uns des plus nobles champions de nos luttes contre l'Angleterre. En 1402 mourut le connétable Loys de Sancerre, de la famille des anciens comtes de Champagne. C'était un capitaine à la fois prudent et hardi, à qui le roi Charles V aimait à confier ses « besognes [2] ». Il avait passé sa vie à combattre l'Anglais, le provoquant partout, lui reprenant « mainte forteresse [3], » reconquérant sur lui pied à pied le Poitou, la Saintonge, la Guienne. Redouté de ses adversaires, chéri de ses amis, rude aux traitres et aux mauvais [4], ce vaillant homme, en compagnie des anciens frères d'armes de

[1] *Man.*, 303, col. 3.
[2] V. Christ. de Pis. *Vie de Ch.* V, 2ᵉ p.
[3] Crap., 117.
[4] Ib., 118.

du Guesclin, les Bourbon, les la Trémouille, les Couci, continuait, sous Charles VI, de tenir bannière levée et de défendre l'honneur de nos armes. Sa maison était une école de chevalerie, et la jeune noblesse venait faire sous lui l'apprentissage de la guerre. Des Champs a célébré ses vertus, sa vaillance, sa libéralité, son grand cœur[1], et il s'est fait l'interprète du deuil universel qui accompagnait à Saint-Denis les funérailles de ce vrai chevalier[2].

Un homme qui portait un nom moins illustre, mais non moins honorable, le sire de Sempy, mourut quelques années plus tard[3]. C'était un chevalier de la frontière d'Artois; mais il avait adopté la France comme patrie. C'est le Vauban de l'époque. Il fortifie les places récemment enlevées à l'ennemi, et dirige les travaux de défense ou d'attaque. On le rencontre aux postes les plus exposés, à Thérouanne, à Saint-Omer. C'est grâce à lui que les Anglais, devenus maîtres du port de l'Ecluse, ne peuvent s'établir ni à Ardres, ni à Gravelines, ni à Audruick. Des Champs, qui lui survécut peut-

---

[1] V. Crap., p. 117.
[2] Tarb., II, 5.
[3] Le sire de Sempy prit part à l'expédition de Hongrie et en revint. A partir de la fin du siècle on perd sa trace.

être de bien peu, a payé, autant qu'il était en
lui, la dette de la France envers

> Le bon prodhomme et chevalier Sempy.

En rappelant cette vie consacrée tout entière
à la France, il n'oublie pas l'un des plus beaux
titres de ce véritable héros. Le sire de Sempy,
dit-il, a servi le roi,

> Sans grant terre ne trésor acquester.

C'est le ton du découragement qui domine
dans les pièces qu'on peut rapporter à cette période de la vie du poète[1] ; il est las de se faire
l'écho des plaintes du royaume[2], de dénoncer

---

[1]
> Or vient le tems, selon la prophétie,
> Que li grans mauls se doivent apparoir,
> Et que muer (*passer en d'autres mains*) se doivent
> [seignourie.
> De réciter ai bien fait mon devoir ;
> Mais il n'est nuls qui vueille oïr le voir (*vrai*),
> Ne résister à sa male fortune :
> Chascuns s'endort...
>
> (*Man.*, 124, col. 4).

V. aussi TARB., II, 27 :

> Vingt ans a (*il y a*) que je ne cessai
> De vices blamer et d'escrire
> Les vertus ; mais je m'en tairai,
> Car toujours devient chascuns pire...

[2] V. la belle et sombre pièce citée par TARBÉ, t. II, 130. Le
royaume est censé se plaindre à son roi : bien des traits s'ap-

les prévarications des puissants [1], de prêcher
l'amour de Dieu aux hommes d'Eglise, la justice aux princes [2], la charité à tous [3]. Il consulte
l'histoire, et la trouve pleine d'effrayantes
leçons ; les vices qui dévorent son temps ont
amené jadis la chute des plus grands empires [4].

[1] pliqueraient encore mieux à la situation lamentable du roi lui-
même :

> J'ai perdu mon entendement...
> Je n'ai nul bon gouvernement ;
> Vieuls sui ; convoitise s'advance (*prospère*) ;
> Chascuns mon avoir happe et prent...
> Toute misère me gouverne... etc...

> Mais aujourd'hui, qui vuet bien regarder
> Ceuls que prince lève haut et advance,
> En plusieurs lieux ceux (*ceux-là*) verrez regiber (*re-
> [gimber*)
> Contre son droit, faire grant desplaisance
> A ses sujets...
> S' (*si*) un justicier en parle, trop lui nuit ;
> Lors perd prince son domaine, qui fuit (*s'abstient de
> [remplir*)
> Par son défaut (*sa faute*) son souverain office,
> Quant ne soustient ce qui son droit conduit (*garantit
> [son pouvoir*) :
> Durer ne puet royaume sans justice.
>
> (*Man.*, 264).

[2] *Man.*, 107.

[3] *Man.*, 284.

[4]
> Tous les règnes (*royaumes*) qui n'ont craint et douté
> Le créateur du ciel et de la terre,
> Et qui se sont par orgueil aheurté (*abandonnés*)
> A leur vouloir (*caprice*), sans s'aïde (*son aide*) requerre
> Et n'ont voulu raison, justice querre,
> Sont translatés (*livrés à d'autres*) et à perdition.
> Savoir le puet qui en vourra (*voudra*) enquerre :
> Témoin Troië, Thèbes, Rome, Ilion.
>
> (*Man.*, 25).

Il ouvre l'Ecriture Sainte : laconda mnation n'y
est pas moins formelle. Il croit voir apparaître
autour de lui les signes précurseurs qui, d'après
l'Apocalypse, précéderont la venue de l'Antechrist[1]. Et tous en effet, Papes, Rois et Empe-
reurs, ne font-ils pas les derniers efforts pour
amener son règne[2]? Voici venir le septième
âge, l'âge maudit. Déjà la guerre est déchaînée
en tous lieux[3]; dans vingt ans, un peu plus,
un peu moins, la monarchie sera « muée »
(passera en d'autres mains). Depuis le déluge
et depuis les prophètes, jamais le monde ne fut
si près de sa fin. On dirait un autre Jérémie,
assis au seuil du siècle, et lui défendant de
passer plus avant[4]. D'obscures et lugubres

---

[1] *Man.*, 257.

[2] *Man.*, 309.

[3] Il disait, quelques années auparavant :

> ...Nous sommes assez près de la bonde (*borne*),
> Si l'Escripture et Jésus Christ ne ment.
> Car nous véons partout à la réonde (*ronde*)
> Guerre esmouvoir , que (*une*) cité l'autre affonde
> [*détruit*).
>
> Lune et souleil avoir divers signaulx,
> Terre mouvoir jusques aux infernaulx,
> Gent contre gent faire guerre et tenir,
> Et Rois enfans ès règnes principaulx ;
> Par ce devroit tost ce siècle fenir (*finir*).
> (*Man.*, 108, col. 1).

[4]
> Depuis que le déluge fu (*fut*),
> Et que les cinq cités fondirent
> Pour leurs péchiés par ardent fu (*feu*),
> Que Loth et sa femme en issirent,

visions obsèdent la pensée du poëte. Il voit en songe un corps admirable ; une voix s'en échappe, qui crie avec l'accent de la douleur : « Donnez-moi une tête ! » Alors apparaît une vieille femme, dont le front porte cette inscription : Je suis la Lâcheté. C'est moi qui égare les pervers, et qui ai mis à mal celui-ci » Pendant qu'il cherche à pénétrer le sens de cette apparition, une dame s'est avancée, à la physionomie aimable et sereine, c'est la Raison. Nature, Vertu, Honneur s'approchent tour à tour, et remettent ce corps sur pied, en lui ordonnant d'être vaillant et brave. Le corps mutilé, c'est la France qui pleure et redemande son roi[1].

Plaignons ces tourments d'un cœur sincère, ces angoisses d'un honnête homme qui voit son pays descendre lentement vers l'abîme. La

---

Ne puis que les Prophètes dirent
Les mauls dont li mont (*monde*) seroit pleins
Près de la fin, li noms Dieu vains
Et sa loi escandalisée (*pervertie*),
Ne fut li termes si prouchains
D'estre monarchië muée...
Tout est à présent corrompu ;
Tous estas mal faire désirent...
Dont (*voilà pourquoi*) la parole est avoirée (*vérifiée*),
Dedans vingt ans, po (*un peu*) plus, po moins,
D'estre monarchië (*que la monarchie sera*) muée...
(Man., 257, col. 3).

[1] *Man.*, 463, sq. q.

mort, selon toute vraisemblance, le surprit à
temps, et lui déroba la vue des derniers désastres, de ceux qui durent sembler irrémé-
diables. Il ne vit pas, durant les tristes années
qui suivirent l'assassinat du duc d'Orléans, la
France s'agiter sans trève au milieu des fac-
tions en lutte, les provinces soulevées, l'Ile de
France, la Champagne, l'Orléanais livrés en
proie aux violences des Bourguignons et aux
attentats des Armagnacs, l'Université, essayant
vainement de s'interposer entre les princes, et
finissant par se diviser à son tour et par laisser
le champ libre aux factieux, les traités entre
les partis aussitôt rompus que signés, Paris se
remettant sous le joug des bouchers pour
échapper aux fureurs des brigands du midi, la
désolation des campagnes et le pillage des
villes, les supplices, les massacres se succédant
sans relâche, et les exécutions amenant de plus
atroces représailles, l'épouvante et la terreur
devenues l'unique moyen de gouverner, la
seule puissance reconnue des hommes, deux
partis enfin marchandant tour à tour l'appui
de l'étranger, jusqu'au moment où la défaite
d'Azincourt livre à la discrétion du roi d'Angleterre la France déshonorée, meurtrie, et se
déchirant encore de ses propres mains.

CHAPITRE XVIII

LE « DICT DU LYON ».— LE « MIROUER DE MARIAGE ».
— DES CHAMPS IMITATEUR DE JEAN DE MEUNG.

Au moment où il mourut, des Champs tra-
vaillait encore à la composition de deux vastes
poèmes intitulés le « Dict du Lyon » et le
« Mirouër de Mariage ». Il a laissé inache-
vées ces dernières confidences de sa vieillesse.

Le triomphe de l'allégorie appliquée à l'histoire eût été sans doute le Dict du Lion[1], cette
immense moralité « sur le mauvais gouvernement du royaume ». Nous n'en possédons que
le début en trois mille vers, étrange chaos où
se heurtent, dans une indescriptible confusion,
la mythologie, la fiction, l'histoire, le sacré et
le profane. L'exposition des vues de l'auteur

[1] *Man.*, 131.

sur le gouvernement, annoncée comme le premier objet du poëme, fait place à une interminable lamentation sur le débordement des vices et sur la corruption des sociétés humaines. On voit, dans un conseil tenu par les dieux, Jupiter et Mars réclamer le châtiment du genre humain, tandis que Nature et Vénus viennent tour à tour plaider sa cause et s'opposer à sa destruction totale. Leur requête est repoussée; et les dieux conviennent de faire mourir le monde, mais lentement, pour que la punition soit plus exemplaire. Le dieu Mars ouvre les hostilités contre l'humanité en mandant Renard. Né vers les marches de Pampelune, aux défilés de Roncevaux, ce personnage est immortel. Jadis il fut le traître Ganelon : maintenant il se trouve chargé de mettre aux prises « Lyon » et « Liépart » (les rois de France et d'Angleterre), et de déchaîner sur deux grands peuples les maux d'une guerre sans merci. Renart [1] figure donc ici Robert d'Ar-

___

[1] Il avait conservé jusque là, dans le poème, quelques-uns des traits de sa première nature :

> Lièvres et connins engouloit (*dévorait*)
> En cheminant o euls en pais,   [*défiés*)
> Et (*ils*) ne s'en gardassent jamais, (*s'en fussent jamais*
> Pour la douceur de son visage... (*Man.*, 483).

C'est avec la même douceur hypocrite et malfaisante que le pertois [1]. Cette laborieuse préparation devait ainsi aboutir à une sorte de chronique dans laquelle, on peut le croire, eussent figuré, sous des noms d'animaux, les premiers acteurs de la guerre de cent ans. Tous ces efforts d'invention, ces ornements empruntés à l'allégorie et la fable, semblaient, aux yeux de des Champs et de ses contemporains, inséparables de la haute poésie. Plus un poète s'éloignait de la réalité, plus ses conceptions paraissaient admirables ; plus il déployait de science, (et le discours de Nature, dans le Dict du Lyon, est à lui seul l'esquisse d'une encyclopédie), plus il se rapprochait de Jean de Meung, le maître inimitable.

C'est dans le Miroir du Mariage que se révèle surtout l'influence de ce dernier écrivain. Même esprit de satire à outrance, même étalage de science, même cliquetis d'arguments

sonnage, dans le Roman de JAQUEMART GELÉE, prélude au pèlerinage de Rome qui doit faire de lui un saint.

[1] V. l'exorde du discours de Renart au Lieppart de l'Ile des Géants, cité et analysé par Crapelet, Préf. XXXIV :

> Doulz sires, il n'est nulz trésors
> Avoir, seignourië, puissance,
> Force, beauté, ne corpulance,
> Ce sai-je bien, quant est de mi,
> Qui puist valoir un vrai ami, etc...

discordants, mêmes procédés de style, discours sans fin, digressions perpétuelles, descriptions abusives[1], comparaisons prolongées hors de toute mesure[2]. Jean de Meung a fourni à des Champs la meilleure part de son érudition. Héros malheureux ou coupables, amantes délaissées ou infidèles, Hercule et Déjanire[3], Dalila et Samson[4], Jason et Médée[5], Néron et Agrippine[6], Lucrèce[7] et Virginie[8], Didon, Philis, Jézabel et Thaïs[9], il n'est pas un des noms destinés par notre poëte à grossir la liste des infortunes conjugales, qui ne lui vienne en droite ligne de Jean de Meung. Des Champs lui prend sa morale, sa philosophie, ses vues sur la nature humaine, ses lieux communs, tout, jusqu'à ses diatribes contre les usuriers, les riches insatiables[10], les avocats et les médecins. Enfin les autorités invoquées par Jean de Meung, prophètes, pères de l'Eglise, philo-

---

[1] V. *Man.*, 487.
[2] *Man.*, 488.
[3] *Mir. de Mar.*, Rub., 29.
[4] *Ib.* Rub. 28.
[5] *R. de la Rose,* ed. Franc. Michel, t. II, 81.
[6] *Ib.* I, 206.
[7] *Ib.* I, 237.
[8] *Ib.* I, 137.
[9] *Mir. de M.*, Rub. 30.
[10] *R. de la Rose*, I, 169, 170; cf. DES CHAMPS, pass.

sophes, historiens et poètes, figurent aussi dans les vers de des Champs, avec cette différence que le premier est assez versé dans la connaissance des lettres anciennes, et que le second reproduit de confiance et sans examen les indications de son devancier[1]. Il lui arrive même parfois de prendre assez plaisamment un nom d'ouvrage pour un nom d'homme[2].

[1] Jean de Meung précise; telle opinion sur les dangers de l'amour est empruntée au *de Senectute* de Cicéron (*R. de la R.*, I, 150); les *Géorgiques* de Virgile lui ont fourni son tableau de l'âge d'or, et il a tiré des *Métamorphoses* d'Ovide celui des âges qui suivent (*Ib.*, II, 298); ouvrez le VIe livre de l'*Enéide*, vous y trouverez établi

> Par l'autorité de Sebyle (*la Sibylle*)
> Que nus (*nul*) qui vive chastement
> Ne puet venir à dampnement... (*Ib.*, I, 299).

Ailleurs, s'excusant de certaines libertés de langage justifiées par la nature de son sujet, il se couvre de l'autorité de Salluste (*Ib.*, II, 144).

[2] En voici un exemple. Jean de Salisbury mentionne quelque part (*Polycraticus*, VIII, 11) un certain traité du Mariage attribué à Théophraste, et qu'il appelle le « Livre d'or » du philosophe, « aureolus Theophrasti Liber de Nuptiis, in quo quærit an vir sapiens ducat uxorem ». Ce livre concluait, parait-il, contre le mariage. Jean de Meung reproduit exactement le nom de l'auteur et les conclusions de l'ouvrage. — Ha! soupire le mari jaloux,

> Ha! se (*si*) Théofrates créusse,
> Jà (*jamais*) fame espouséë n'éusse;
> Il ne tient pas home pour sage
> Qui fame prent par mariage....
> Car il dit, et pour voir (*vrai*) l'afiche (*affirme*)
> En son noble livre auréole (*d'or*)...
> (*R. de la Rose*, ed. Franc. Michel, t. I, p. 284).

Il est impossible de songer à présenter l'analyse d'une œuvre dont le caractère est de manquer à toutes les lois d'une composition régulière. Qu'il me suffise de donner une idée du point de départ de l'auteur.

Franc-Vouloir est un homme d'âge moyen, qui songe à s'établir. Il faut qu'il se marie, lui disent ses amis, (de faux amis sans doute !) qu'il se ménage pour ses vieux jours le dévouement d'une compagne fidèle. Une bonne femme est la providence d'une maison. Voilà qui est bien, réplique Franc-Vouloir ; mais, si je tombe sur une mauvaise ? Salomon n'a-t'il pas écrit

> Que mieux vaut vivre en un désert
> Qu'avec male femme habiter ? [1]

Or le cas est-il donc si rare ? Les oreilles lui

Des Champs reprend l'argument, mais en faisant d'*auréole* un auteur :

> Toi qui jadis as les livres léus
> De Théofrate et des autres docteurs,
> D'*Auréole* et de Mathéolabus... (*Man.*, 209).

Le *Polycratique* devient à son tour un écrivain ; mêmes libertés avec l'*Economique* de Xénophon :

> *Economique*, qui traita
> Des livres sur tous mariages,
> Dit que sur les communs ouvrages,
> Homme et femme ont labeur pareil...
> (Mir. de Mar., Rub., 52).

[1] *Mir. de M.*, Rub., 10.

tintent des doléances des maris mécontents.
L'un a une femme jalouse, méchante, colère;

> L'autre murmure que le prestre
> Vient trop souvent en sa maison;
> L'autre dit : « O (*avec*) ces chevaliers
> Va ma femme souventefoys ! »
> Or en revient puis deux, puis trois,
> Dont l'un dit : « Femme ai débonnaire !
> Elle fait trestout le contraire
> De ce que je vueil et commande ! »

C'est que Franc-Vouloir est difficile à satisfaire ! Il veut une femme

> De quinze à seize ou à vingt ans,
> Qui soit riche et de bons parens,
> Qui ait bon corps (*bonne santé*) et qui soit belle,
> Et douce comme columbelle,

qui ne le quitte jamais

> Se non (*sinon*) pour aler au moustier (*à l'église*) [1].

Or, quand vous achetez du bétail à la foire,
vache ou brebis, vous examinez l'animal [2] :

---

[1] *M. de Mar.* Rub. II.

[2] Cette comparaison malséante est encore du Jean de Meung :

> Je voi que qui cheval achète
> N'iert (*sera*) jà (*jamais*) si fox (*fou*) que rien y mète...
> Se tout n'el voit à descouvert ;
> Partout le regarde et descouvre ;
> Mais la fame si bien se couvre
> Que jà n'i sera descouverte

quand vous prenez femme, vous achetez chat
en poche ; tant pis pour vous si l'on vous
trompe. Il n'y a pas en pareil cas de vice ré-
dhibitoire : c'est pour toute la vie. Avez-vous
eu la main heureuse ? c'est le bonheur parfait ;
sinon, c'est un combat sans trève[1]. Cela, dites-
moi, ne vaut-il pas qu'on y songe ?

Et voilà Franc-Vouloir bien perplexe. Il va demander conseil à son docte ami Répertoire de
Science. Si ce dernier n'est pas Jean de Meung
lui-même, c'est quelqu'un à coup sûr qui a libre accès auprès de lui et puise à pleines mains
dans son arsenal de méchancetés sophistiques.
Répertoire ouvre ses auteurs, feuillette ses livres, prend la plume, et, gravement, sans se
hâter, en homme sûr de son fait, il argumente
contre les femmes. Il expose, il explique,
il discute ; il appelle les considérations mystiques au secours des raisons humaines. Bref, il
ferme si bien toutes les avenues, que Franc-Vouloir ne trouve plus une seule porte ouverte sur
le mariage. Votre femme est belle : elle sera
pour les autres ; laide, vous vous en dégoûte-

Ne por gaaigne (*gain*), ne por perte...
Devant qu'ele soit espousée etc...
(R. de la Rose, I, 288).

[1] *M. de Mar.*, Rub. 8.

rèz tout le premier ; pauvre, vous vous tüèz à la soutenir ; richè, elle fait de vous son esclavè. Mariez-vous, s'il vous plaît ainsi ; mais vous saurez du moins que vous avez contre vous les Pères de l'Eglisè, l'Ecriture Saintè, les philosophes, la raison enfin, et l'expérience des siècles :

> Très-chier fils, enten (*comprends*) que (*ce que*) tu fais,
> Et des nopces le grant domage
> Qui puet venir par mariage.
> Voy que (*ce que*) philosophes en dient
> Et pren garde aux divins escripts [1]. etc...

Toutefois, le Mariage accusé n'est pas condamné sans avoir été entendu. On lui constitue quatre défenseurs ; mais le choix même des avocats fait pressentir que la cause est perdue d'avance : ce sont Folie, Faintise (perfidie), Désir et Servitude. Que peuvent leurs efforts réunis contre les arguments si variés fournis par Répertoire de Science à son ami ? Nous nous garderons de suivre l'auteur dans les détails de cette controverse dont nous avons vu ailleurs le dernier mot, si piquant dans sa brièveté :

> « Je veuil me mariér ! »
> — « Tu es fols : pren unè massuè ! »

[1] *M. de M.*, Rub. 14.

Les femmes ne sont pas du reste les seules victimes de Répertoire de Science. Pendant qu'il tient le miroir véridique, et qu'il est en veine de sévérité, il ne lui coûte guère de le présenter à d'autres originaux qui viennent y contempler un instant leur image. C'est ainsi que nous voyons défiler successivement devant nous avocats, moines, juges séculiers et juges d'église, nobles, papes et cardinaux : tous sont mandés à la barre de Franc-Vouloir pour recevoir une verte semonce. Le moindre prétexte suffit à des hors d'œuvre qui deviennent bientôt le corps même de l'ouvrage. La vertu des femmes, mise en cause, amène dans la bouche de leur avocat, la légende des Onze Mille Vierges, sans compter l'histoire de la Reine Blanche et de la minorité de saint Louis. Franc-Vouloir, en quête d'un argument personnel contre Folie, lui reproche d'avoir causé la révolte d'Etienne Marcel, les désastres de Crécy et de Poitiers, et, lorsque la plume tomba des mains de l'écrivain, il venait de raconter la signature du traité de Brétigny.

On se demande de quelle conclusion eût été susceptible une œuvre si disparate, et comment des Champs s'y fût pris pour en rattacher la fin au début. Mais des Champs tenait-il à con-

clure ? Son poème était pour lui une longue
promenade à travers le dédale de ses souvenirs
et de ses pensées. Nous n'aurons pas l'impru-
dence de l'y suivre ; et, nous frayant un passage au milieu des digressions sans valeur,
des théories insipides, et, pour tout dire, des
bavardages de la vieillesse, nous le ramène-
rons à son temps, qu'il connait à merveille. Il
s'entend comme personne à médire des femmes:
demandons-lui de nous ouvrir la galerie de
portraits qu'il leur a consacrée ; les originaux
n'y manquent pas.

Voici d'abord la « femme d'estat » (de qualité), la riche héritière, avec toutes les exigences qu'elle fait entrer avec elle dans la maison
de son mari. Celui-ci n'a rien épargné : vête-
ments tissus d'or et de soie, bordés de fine den-
telle d'Ypres, pour l'été, ceinture d'or, couvre-
chefs d'or battu rehaussés de pierreries, chaperons fourrés d'hermine, surcots à la dernière
mode, ouverts sur la poitrine, serrés à la taille,
avec longue jupe traînante, le tout garni de
menu vair et d'écureuil, robe brune avec mante
assortie pour aller aux enterrements. Madame
est-elle contente ? Point. Sa « hure » (coiffe)
est si vieille et si démodée !

> Je sai tel femme de masson,
> Qui n'est pas à moi comparable *(pour le rang)*
> Qui meilleur l'a *(la hure)* et plus coustable *(chère)*
> Quatre foys que la mienne n'est [1]...

Quoi, encore ? une femme « de parage » (de noble extraction) ira-t-elle à pied dans la rue ? Ce serait pitié ! La nôtre aura donc, pour sortir en ville, selon le temps et la saison, une haquenée ou un carrosse peint et armorié, doublé de « camocas » (drap) :

> Je voi bien femmes d'avocas
> De povres bourgois de village *(petite ville)*,
> Qui l'ont bien ; pourquoi ne l'arai-je
> A quatre roucins *(chevaux)* attelé ?...

A ce ton de douceur hautaine, vous reconnaissez une femme peu habituée aux refus. Elle voudrait bien voir que son mari, à chaque voyage de Paris ou de Reims, oubliât de lui rapporter quelque jolie surprise, un miroir avec encadrement d'ivoire, et son étui suspendu à une chaine d'argent, un livre d'heures richement historié, à dos de velours, à fermoirs d'or, quelque parure nouvelle ou quelque objet d'ameublement ! La maison de Madame est ainsi composée : un écuyer qui va devant elle, une

---

[1] *Mir. de Mar.*, Rubr. 15.

« chambrière » qui la suit ; un clerc, pour tenir sa correspondance, un chapelain pour lui dire la messe le matin, et puis un cuisinier, une femme de chambre, un maître d'hôtel et un « clacelier » (sommelier). Un peu de patience ! la nourrice viendra plus tard, avec l'enfant qu'on attend, et qui verra le jour dans cette belle chambre tendue de camelot blanc[1], préparée tout exprès à son intention, où l'intéressante accouchée, pâle et décolorée, mais plus minaudière encore que de coutume, recevra avec un air de langueur triomphante les félicitations de ses amies.

Des Champs est un terrible visiteur ; une fois entré dans une maison, il n'en sort plus ; il se promène de la cave au grenier. Appartements, cuisine, écurie, garde-meuble et garde-robe, rien n'échappe à son investigation minutieuse, il compte les draps, les serviettes et les nappes, les écuelles et les plats, la vaisselle d'argent ou d'étain. Vous demandez grâce : il vous poursuit de son infatigable inventaire ; et pintes et pots, pelles et chaudrons, chaudières et rôtissoires, bois et charbon, poivre et cannelle, tout y passe ; et vous pouvez supputer par le

____

[1] *Mir. de Mar.*, Rub. 15.

menu à quel prix revient le bonheur d'un
mari.

C'est le tour de la femme jalouse. N'est-elle
pas bien malheureuse ? Son mari n'a pour elle
ni égards, ni complaisance ; il la délaisse. Ah !
s'il n'aimait ailleurs, rentrerait-il si tard au
logis ? Elle sanglote, elle s'écrie :

> Vous regardez, quant ele vient,
> No (*notre*) voisine, bien m'en perçoi (*aperçois*)
> Car vous n'avez cure de moi...

Le pauvre homme est le modèle des époux,
n'importe : il faut qu'il subisse les incartades
de sa désagréable moitié.

Mais quels sont ces éclats de voix ? C'est une
ménagère dans l'exercice de ses importantes
fonctions. Elle fait marcher la ferme. La ber-
gerie, l'étable, le labour, la façon des vignes,
l'entretien des bâtiments, tout retombe sur
elle ; son mari n'est bon à rien !

> Je m'embesongne
> Céans de toute la besongne ;
> J'ai le soin de tout gouverner [1]...

Elle ne peut faire un pas qu'un valet ne coure
après elle. — Un bœuf s'est laissé mourir —

---

[1] *M. de Mar.*, Rub. 20.

Qu'on l'écorche ! — Le cheval est déferré.—Menez-le au maréchal ! — La roue de la voiture s'est brisée. — Qu'on aille quérir le charron ! Qu'y a-t-il encore ? — La provision de chanvre est épuisée! Il n'y a plus de farine dans la huche ! —

> Je vous jure, par saint Nicaise,
> Qu'il n'a (*n'y a*) femme plus en malaise
> Que je sui, en toute la ville (*bourg*) ;
> Et, Dieu merci, si (*pourtant*) sui-je habile...

Le mari est-il assez heureux d'avoir une pareille femme, si entendue, si active ! le misérable! il la rançonne ; il trouve à dire aux dépenses de la maison !

> Sui-je donc une larronnesse ?
> N'ai-je pas la moitié partout ?
> Nennil ; je n'en ai qu'à un bout,
> Moins assez (*beaucoup moins*) qu'une chamberière...
> On me restraint (*réduit ma dépense*). Véez quel doleur !

Passons à la femme dépensière. Quelle calamité pour une maison ! Toujours dehors, toujours courant de la halle au marché, [1] elle n'en a jamais fini. Voyons ! encore cette bague, émeraude, saphir ou rubis, ou ce galant chapelet qui portera enlacé son chiffre et celui de son

______

[1] *M. de Mar.*, Rub. 36.

mari ! Celui-ci l'attend ; il s'impatiente , il
gronde. Elle pleure : c'est le recours infaillible
des femmes dans l'embarras.

> Lasse ! j'en doi bien tant avoir (*être ainsi traitée*).
> Qui ne finai hui à journée
> D'aler !...
> Je ne bu hui, ne (*ni*) ne mangeai...

Là voilà bien payée de ses peines ! elle a
acheté

> Plus, pour vingt sols de parisis,
> Que n'aroit femme de Paris
> Ou d'ailleurs pour quarante sols.
> Je croi que vous devenez fols,
> Que ainsi m'alez riotant (*querellant*)...

Et comme le mari se tait, elle prend l'offensive :

> Vous estes fourrés (*chaudement vêtu*)
> Et vestus comme un droit prélas...
> Il ne me faudrait pas un las (*vous me refuseriez même*
> Or en alez quérir autant   [*un ruban*)...
> Pour le prix !...

Et la voilà qui étale ses acquisitions. Le mari,
convaincu, s'en veut d'avoir méconnu une si
adroite ménagère.

Tout cela n'est rien auprès des tourments
qu'inflige à l'infortuné une femme jeune, jolie
et coquette — notez ces trois points. Ce sont
chaque jour invitations nouvelles ; robes, cha-

peaux de fleurs, bijoux, et aussi chansons,
lettres et rondeaux pleuvent du matin au soir.
On meurt d'amour, on se consume à petit feu
autour d'elle. Chacun prend une couleur pour
attirer les yeux de la belle, celui-ci le vert, cet
autre le rouge, ou le bleu ; en voilà un qui prend
le noir, pour exprimer mieux son martyre.

Que fera le mari ? laissera-t-il les galants
caqueter autour de sa femme, à son nez, à sa
barbe ? la tiendra-t-il sous clef ? lui interdira-
t-il les plaisirs qui sont de son âge ? que
d'obsessions, que de plaintes, que de cris !
C'est peu de sa femme : qu'il s'attende à subir
les objurgations de sa belle-mère. Celle-ci dé-
barque un beau matin, toute bouffie de son
importance, charmée d'avoir une querelle
domestique à apaiser. Elle n'est pas fâchée de
rappeler à son gendre l'honneur qu'elle a
daigné lui faire en s'abaissant jusqu'à lui. Car
le pauvre diable expie la faute d'avoir souhaité
une femme riche et bien apparentée. Qu'a-t-il
donc et quelle mouche le pique de vouloir surveiller sa femme ?

> Comment ! je croi que soiez fol,
> Qui ainsi tenez nostre fille ;
> N'ira ele autrement en ville ?...
> Ne doubtez pas que n'est venue *(croyez qu'elle n'est*
> *[pas venue)*

De lieu qu'ele doië mal faire [1] !
Vous ne lui feriez tant de haire (*misère*)
En dix ans, comme nous ferions
En un jour, puis que nous sarions (*si nous venions à
　　　　　　　　　　　　　　　　　[savoir*)
Qu'ele fust de son corps mauvaise...
Pire n'i troveroit de mi (*que moi*),
Qui l'ai en mes costés portée :
De ma main seroit estranglée [2]
Et morte de vilaine mort.
Certes son père, vo (*votre*) seigneur,
Ne me fit onques deshoneur (*ne me manqua d'égards*),
Ne dessus moi n'osta sa main (*ne cessa pas d'être le
　　　　　　　　　　　　　　　　　[maître*);
Ne ne me deffendit à plein (*et pourtant il ne m'a ja-
　　　　　　　　　　　　　　[mais défendu absolument*)
D'aler partout ès lieux honestes,
Aux compaigniës et aux festes,
Avec mes cousins et cousines,
Et mes voisins et mes voisines.
Mais je me sui si bien gardée,
Dieu merci, qu'onques regardée
Ne fu pour chose que je fisse ;
Et s'eusse (*pourtant j'aurais eu*) bien, se je voulsisse
　　　　　　　　　　　　　　　　　[si j'eusse voulu*),
Trouvé qui eust parlé à moi.
Mais je ne trouve, par ma foi,
Onques encor jour de ma vie,
Homme qui me fist vilenie,
Ne me déist (*dit*) pis de (*que*) mon nom !

Conclusion: femme enfermée n'a jamais fait

[1] Mme de Sotenville : « Ma fille est d'une race trop pleine de
vertu pour se porter jamais à faire aucune chose dont l'honnêteté soit blessée... »

　　　　　　　(MOLIÈRE, *G. Dandin*, I, sc. 4.)

[2] Mme de Sotenville : « Jour de Dieu ! je l'étranglerais de
mes propres mains, s'il fallait qu'elle forlignât de l'honnêteté de
sa mère ! »

　　　　　　　(ID., *ib.*, I, sc. 4.)

parler d'elle en bien ; laissez votre femme sortir à sa guise. Voilà un mari fort assuré de la vertu de la sienne !

Est-ce tout enfin ? Sommes-nous au terme de ce martyrologe des époux ? non, et des Champs nous présente à sa manière l'achèvement de la félicité conjugale, la dernière des quinze joies du mariage.

Les deux époux sont brouillés. Ils ne se rencontrent plus que pour se quereller, lorsqu'un beau jour Madame éprouve le besoin pressant, impérieux, d'un raccommodement. Elle commence par faire une scène à son mari[1]. Le mari se met en colère : elle s'enfuit dans sa chambre,

> Et se couche la larme à l'œil.

La chambrière l'accompagne jusqu'à son lit, et sort bientôt, la mine longue, le visage morne ; c'est jeu convenu : il s'agit d' « assoter », (affiner, dirait la Fontaine,) le mari. Celui-ci, bonne dupe, éprouve déjà comme un remords. Ne s'est-il pas montré un peu vif tout à l'heure ? Inquiet, il guette la femme de chambre. — Qu'a donc Madame ?

____

[1] *M. de Mar.*, Mén., 513.

Et la chamberière engigneuse (*ingénieuse, rusée*)
Répont : Madame est malheureuse !
Grant dommage est qu'ele vous a !...

Allez, vous devriez mourir de honte ! traiter
de la sorte une épouse si parfaite !

Ele fait le mieux qu'elle puet...
Et vous estes celui qui grongne,
Au revenir (*quand vous rentrez*), tance et menace !...

Il baisse la tête ; il confesse son tort :

— Certes, tu dis voir (*vrai*), chamberière ;
Comment la pourrai-je apaisier ?
— Je ne sai ; alez la baisier
Et reconforter sur son lit...
Priez-lui (*la*) qu'ele vous pardoigne...

Et vite, elle court annoncer à sa maîtresse ce
premier succès.

— Comment va ? — En si grant detresse
L'ai mis (*votre mari*), qu'il venrra (*viendra*) tantost ci
Pour vous crier de tout merci.

C'est alors qu'il faudra redoubler d'adresse !

Faites bien la cate catin (*chatte mite*),
Et que vous estes deshaitie (*incommodée*),
Et souspirez parfondément.
Nous ferons le vilain dolent
Tant qu'il sofferra no voloir (*tous nos caprices*).

Après ce rapide dialogue, la servante retourne
vers son maître :

> — Or sus, mal meschief (*le pire malheur*) vous ad-
> [viegne !
> Madame tremble membre à membre (*de tous ses*
> [*membres*) *;*
> Alez, boutez-vous en sa chambre...

et elle le pousse par les épaules : il est entré !
La belle se soulève péniblement sur sa couche ;
elle soupire, et, dans un regard encore humide
de larmes rassemblant tous ses artifices :

> — Hé ! que me voulez-vous, beau sire ?
> Me voulez-vous céans tuer ?
> Sur (*chez*) ma mère m'en vueil aler...

Mais déjà le coupable est à genoux, implorant
sa grâce :

> — Ha ! ma très-douce suer, merci !
> Jamès de moi n'avez reprouche...

Il ne s'arrête pas en si beau chemin :

> Lors lui promet, jure et rechante
> Que s'ele lui vuet pardoner,
> De tout la lairra ordoner
> A son desir, à son voloir ;
> N'il ne (*pour lui il ne*) desire fors qu'un hoir (*héritier*)
> Avoir, et pour ce se tourmente
> Que fille ou fils ne lui enfante...

C'est le mot qu'on attendait ! notre homme est

arrivé juste au point où l'on s'efforçait tout
doucement de l'amener. Cet enfant si désiré
n'est-il pas l'unique objet des prières dont sa
femme a fatigué le ciel ? Voilà l'explication de
ces sorties continuelles que son mari lui repro-
chait avec amertume !

> Pour ce, dit-ele, ai-je l'usaige
> De vouer maint pélerinaige
> Afin que Dieu m'en donast un...
> Loué soit le saint, et la sainte (*sainte Catherine*),
> Où j'ai tant esté pélerine [1] !
> — Amen ! et sainte Catherine (*soit louée s. ent.*),
> Dit le chétis ; quant vous verrai
> Enceinte alcr parmi la voie,
> Tout li cuer me rira de joie !

Sainte Catherine est bien puissante ; qui sait ce
que son intercession peut faire ? La réconcilia-
tion s'achève sous ces auspices. Quelques mois
encore, et l'heureux époux pressera dans ses
bras un fils, gage de tendresse et de fidélité !

Voilà ce personnage du mari trompé qui a
tant exercé la verve de nos anciens conteurs,
dont Boccace et des Champs, et, après eux, l'auteur du livre des Quinze Joies du Mariage [2] se
sont emparés, que Molière enfin a rendu

---

[1] *Man.*, 515.

[2] V. le Livre des Quinze Joies, et la spirituelle analyse que
donne M. Lenient (*La Sat. en Fr.*, Ch. XIX) de ce « bré-
viaire conjugal ».

immortel sous les traits de Georges Dandin. Georges Dandin n'a que ce qu'il mérite. Pourquoi prendre une femme « demoiselle »? Le pauvre homme expie durement sa sottise : femme, suivante, belle-mère, tout se ligue contre son honneur et son repos.

La première, la plus fidèle alliée de la maîtresse, c'est la suivante, « la chamberière », comme on dit au moyen âge. L'auteur des Quinze Joies nous la montre jurant, devant les commères assemblées, que Madame est innocente, et que Monsieur a perdu le sens :

« Par mon sèrement, mes chières dames et amies, je ne scey que Monsieur a pencé ne trouvé ; mais onques à ma vie je ne vis follie en ma Dame, et l'ay servie bien léaument ; et ce seroit bien grant chose que je ne l'eusse sceu... et, par mon âme, je estoie au plus près [1]. »

Le dernier trait est bien spirituel. Pourtant la suivante du livre des Quinze Joies n'a pas l'activité infatigable, l'esprit d'invention et d'à-propos, la fertilité de ruses que déploie la chambrière du Miroir du Mariage, en digne

____
[1] *Les Quinze Joies du Mariage*, Ed. Elzév. Ch. XV.

émule de l'effrontée Claudine s'écriant, avec un air d'indignation si bien jouée :

« C'est une conscience de voir une pauvre jeune femme traitée de la façon, et cela crie vengeance au ciel ! » [1]

Dans cette conspiration de toutes contre un seul, le premier rôle appartient à la belle-mère. Il faut entendre ses aigres remontrances et les éclats de sa fureur :

« La mère s'en vient plourant, et lui court sus, et fait semblant qu'elle le veille prendre aux ongles et dit : Ha a, maudite soit l'eure qu'elle vous fut onques donnée, car vous lui avez perdu son honneur et le mien. Hélas! fait elle, l'on vous fit grant honneur de vous la bailler, que, si elle eust voulu, elle eust esté mariée à un grant chevallier, où elle fust maintenant en grant honneur. Ha a, mes chières amies, fait elle, si ma fille eust fait faulte, il ne m'en chalist, car moy-même la estranglasse ; mais cuidez-vous que je soye bien ayse de voir ainsi mener ma fille à honte sans cause, et à si grant tort que jamais ne lui pourroit amender ? »

_____

[1] *G. Dandin*, III, sc. 12.

Voilà comment le narrateur des Quinze Joies
la fait parler ; dans Boccace, c'est un torrent
des plus outrageuses invectives :

« Par la foi de Dieu, ma fille, s'écrie alors la
mère de Madame Simone, les yeux étincelants
de colère, des choses de cette nature peuvent-
elles se pardonner ? On devrait éventrer ce
malheureux, cet infâme, cet ingrat, que nous
avons tiré de la poussière, et qui ne méritait
pas une femme telle que toi... Le barbare ! tu
n'es pas faite pour être victime de la mauvaise
humeur et des vices d'un marchand de poires
cuites... Si vos frères m'en avaient voulu croire,
ma fille, vous auriez été mariée à un des
enfants de la famille des comtes de Guy, et
vous n'auriez jamais épousé ce faquin, qui,
par reconnaissance pour les bontés qu'on a
eues pour lui, va crier à minuit que vous êtes
une femme de mauvaise vie... Mes enfants,
continua-t-elle, je vous le disais bien que votre
sœur ne pouvait être coupable : vous avez
entendu pourtant tout ce que ce petit marchand
en a dit. A votre place je l'étoufferais tout à
l'heure... » [1]

[1] Boccace, *Décaméron*, 7ᵉ journée, la Femme justifiée.

Il est impossible de n'être pas frappé de la ressemblance qui éclate ici entre des Champs d'une part, et de l'autre Boccace et l'auteur du Livre des Quinze Joies : nous avons affaire au même personnage ; ce sont parfois les mêmes détails de style. La rencontre est-elle fortuite ? les trois écrivains ne se seraient-ils pas inspirés d'un original aujourd'hui perdu ? Nous serions tenté de le croire. Ce ne serait pas sans doute l'unique emprunt fait par Boccace à des fabliaux dont la trace a disparu. Quoi qu'il en soit, des Champs (et ce n'est pas pour lui un médiocre honneur) supporte la comparaison avec le conteur italien et le conteur français ; et l'on entrevoit même dans le personnage de la belle-mère, telle que nous l'offre le Miroir du Mariage, cette morgue hautaine, cette pruderie farouche, cette intrépide confiance en la vertu de sa race, et ce profond mépris pour la roture, qui feront un jour la meilleure part du caractère de Mme de Sotenville.

Ces quatre personnages, mari débonnaire, épouse infidèle, chambrière impudente, belle-mère acariâtre, semblent désormais tout prêts pour la scène. Nous retrouvons ailleurs cette veine comique que nous révèle le Miroir du Mariage.

CHAPITRE XIX

Nous rencontrons chez des Champs trois œuvres qui nous reportent aux débuts mêmes du théâtre comique en France : la première est une traduction d'une sorte de fabliau latin imité de Plaute ; la seconde est une moralité ; la troisième, une farce. Jetons un coup d'œil sur chacun de ces essais.

La comédie ancienne n'était pas restée inconnue du moyen âge : Térence et Plaute figuraient dans les bibliothèques des couvents, des universités, des princes [1]. Mais l'intelligence de cet art ingénieux s'était perdue, depuis qu'il n'y avait plus ni théâtre, ni acteurs pour

[1] Celle du duc d'Orléans comptait trois exemplaires de Térence. (V. LEROUX DE LINCY, *Bibl. de l'Ec. des Chartes*, t. **V**).

en conserver la tradition. La comédie romaine
ne pouvait être goûtée désormais qu'à l'aide
d'un effort d'esprit dont peu de lecteurs étaient
capables. Aussi, dès le XIIᵉ siècle, un huma-
niste assez distingué, Vital de Blois, s'était-il
appliqué à « rajeunir », comme il dit, l'Amphitryon [1], à l'usage des écoliers. Ce remaniement avait obtenu le plus brillant succès ; la
vogue en avait été grande ; les copies s'en
étaient multipliées ; et ce fut probablement
dans ses cahiers d'étudiant que des Champs
retrouva la pièce latine de Vital.

Plaute avait fait une comédie ; l'imitateur
écrivit un fabliau, c'est-à-dire de ces contes ra-
pides, qui ne font pas languir l'auditeur, lui
épargnent la fatigue d'une intrigue compliquée,
suppriment le développement des caractères,
et mettent en vue les personnages, sans les
abandonner tout à fait à eux-mêmes. Le narrateur indique avec complaisance le lieu de la
scène, le nom des acteurs, leurs mouvements,
leurs allées et venues, leurs gestes. Du sujet
ancien, Vital n'a conservé qu'un fait, la mésa-
venture d'un mari supplanté. Mais Jupiter n'a

---

[1] Vital abrégea, comme on sait, et arrangea de même l'Au-
lulaire sous le nom de Quérolus.

plus sa foudre, Amphitryon n'est plus un roi :
c'est un étudiant du moyen âge qui, par amour
de la science, a quitté sa femme, et s'en est
allé passer plusieurs années à l'Université
d'Athènes. Tant pis si les galants s'introdui-
sent dans le domicile conjugal, pendant que le
mari prend ses degrés !

Géta, valet d'Amphitryon, a suivi son maître, et se pique d'avoir bien employé son temps.
On faisait là-bas maigre chère, le pain n'était
pas tous les jours de première qualité; mais
quel intrépide logicien il est devenu ! Dépêché
vers Alcmène par Amphitryon, il porte sur son
dos la bibliothèque de son maître, accablant
fardeau qu'il dépose un instant pour reprendre
haleine [1]. Voici comment des Champs le fait
deviser d'après Vital :

> Mais j'en rapporte bon loïer ;
> Car sophismes sai merveilleux,
> Qui sont aussi très-périlleux :
> Car d'hom ou femme, veuille ou non,
> Puis-je faire asnesse ou asnon...
> Changier les piés, muer la teste,
> Et prouver qu'il est une beste...

La logique a toutes ces propriétés. Un témoin invisible a entendu ce beau discours :

---

[1] *Man.*, 457, col. 3.

c'est Birria, le valet d'Alcmène. Envoyé par
celle-ci au-devant de son époux, il obéit en
maugréant ; car il n'aime pas les aventures, et
il craint d'en rencontrer sur la route. Il a reçu
du ciel un solide bon sens, une âme débonnaire, surtout l'horreur des querelles et des
coups. C'est l'antithèse de Géta, le pédant
bouffi de sottise et de prétention. Aussi quand
Amphitryon et son valet parlent d'enfoncer la
porte obstinément close devant eux, Birria
s'esquive prudemment :

> Périlleuse chose est bataille ;
> Garder m'en veux, comment qu'il aille,..
> Ce faix (*le paquet de livres*) me tient d'aler avant ...
> Alez devant, j'irai après...

Des Champs s'est borné à suivre pas à pas
son modèle : chaque portion de dialogue est
encadrée dans un récit. La partie narrative est
d'une diction pesante et souvent confuse : le
dialogue offre une allure plus légère et plus
vive. Je citerai encore quelques vers du mono-
logue où Géta, dépossédé par un faux Géta de
son nom et de sa qualité, appelle en vain la
dialectique à son aide, pour résoudre le pro-
blème de la coexistence de ses deux moi, l'ancien et le nouveau. C'est, comme on voit, la
situation de Sosie en face de Mercure :

> Hélas ! Géta, qui pues-tu estre ?
> Es (*es-tu*) homs ? nennil, quant pas n'as d'estre ;
> Car vrai est, si tu homs estoies,
> Autre que Géta ne seroies...
> Géta ne (*je ne*) sui pas, certes non.
> Combien que Géta m'appelle-on ;
> Mais puisque je ne le sui mie,
> Moi ainsi nommer est folie.
> Géta m'appeloit-on devant (*jusqu'ici*) ;
> Quel nom arai (*aurai-je*) d'or en avant ?
> Je n'arai point de nom pour voir (*vrai*),
> Car noient (*néant, rien*) ne doit nom avoir.
> Néant sui ! si (*pourtant*), parle ma bouche !
> Des ieuls voi ! de la main me touche [1] !...

Cette traduction ne pouvait être pour des Champs qu'un amusement de lettré, un souvenir de ses années d'étude. Le « Beau dict des quatre Offices de l'hostel du Roi, c'est assavoir Panneterie, Eschançonnerie, Cuisine et Sausserie, à jouer par personnaiges », présente au contraire un caractère original, et doit se ranger parmi les plus anciens monuments conservés de notre scène comique.

Le sujet est une dispute de préséance entre les différents services de la table du roi. Chacun vante ses mérites, et s'évertue à déprécier ceux de ses adversaires. C'est un assaut de quolibets, d'injures, de bouffonneries passable-

---

[1] La comédie de Plaute est devenue, sous la plume de Vital de Blois, le *Livre de Géta et de Birria :* les valets ont dépossédé le maître.

ment grossières ; des mots, on va passer aux
coups, lorsqu'un maître d'hôtel, attiré par les
cris, intervient pour apaiser la querelle et
mettre les parties d'accord :

> Suffise à chascun son état.
> N'aiez plus ensemble débat ;
> Départez-vous en bonne paix [1].

[1] V. CRAPELET, Préf.
Une citation, choisie entre les cinq cents vers de la pièce,
permettra d'en apprécier le ton :

PANNETERIE.

> Orde (*sale*) loudière (*ribaude*), hé ! qui es-tu,
> A tout (*avec*) ton pot et ta cuiller,
> Qui portes un si gros choufler (*soufflet*)
> Que ce semble estre une buisine (*trompette*) ?

CUISINE.

> Par ma foi, je sui la Cuisine,
> Plus arméë que tu ne soies.
> Tous jours vont les gens par les voies
> A tuit (*avec*) grans plats tuit pleins de soupes ;
> Les eschançons, à tuit leurs coupes,
> Chambellans, tuit officiers,
> Sont chascun jour en mes dangiers (*ma puissance*).
> Je leur dépars (*distribue*) de cras (*gras*) lopins
> De bouilli, de rots, de connins (*lapins*),
> De faisans, d'oës (*oies*), de chapons...
> Par moi se fait la cour plénière.
> Que seroit-ce de pain et vin
> Sans moi ? le disner d'un coquin...

PANNETERIE.

> Noire beste, y hors (*sors*) de ma voie !
> Tu as les ieuls tuit esplourés,
> Ton visaige est encharbonnés,
> Et ta robe est orde et souillée,

La pièce de des Champs fut-elle jouée en
effet ? servit-elle un jour d'« entremets » à
quelque repas de cérémonie donné par le roi
ou par son frère à l'hôtel Saint-Pol ou à l'hôtel
d'Orléans ? Cette conjecture n'a rien d'inadmis-
sible.

Vers la fin du XIVe siècle, les représenta-
tions dramatiques sont devenues l'objet d'une
passion universelle. D'abord mêlée au drame
religieux, où elle fait même souvent irruption
sous forme d'épisode et d'intermède, la comédie a fini par rompre ses lisières et se frayer
librement sa voie. Elle avait fait un premier
pas, le jour où maître Adam de la Halle, le malin bossu d'Arras, était monté sur les tréteaux,
livrant aux quolibets de la ville et sa femme,
et ses proches, et lui-même. Elle en fit un second, et cette fois décisif, quand les Basochiens
l'introduisirent au Palais sous la bannière de
leur confrérie. Ils commencèrent par la Mora-

> Et s'as la chemise mouillée
> De suour, de cresse et d'ordure, etc... [1]

Assurément le goût d'un courtisan de Louis XIV ou d'un
lettré contemporain de Molière se fût trouvé mal satisfait d'un
semblable régal.

[1] *Man.*, 378, col. 3.

lité, petite pièce ingénieuse, subtile, où l'on vit
cette multitude d'abstractions, vices, vertus,
maladies morales ou physiques, que le roman
allégorique avait mis à la mode, prendre un
visage, un sexe, s'agiter sur la scène et se prêter à un simulacre d'action. Ce n'étaient là
que des fantômes : la réalité vivante, on la dé-
couvrit dans le Fabliau. De cette mine inépuisable de bons mots, de propos gaillards, d'a-
ventures risibles, de médisances contre le prochain, sortit la Farce, triomphe des Basochiens et, bientôt, de leurs bruyants émules,
les Enfants Sans-Souci. Les nouveaux venus,
dont le privilége remontait aux premières années du règne de Charles VI, achèvent d'éman-
ciper la muse comique. Tandis que les Basochiens se confinent au Palais, ils vont dresser
leurs tréteaux sous les piliers des halles, au
centre du Paris bourgeois ; de là ils poussent
autour d'eux des reconnaissances hardies, prenant leur bien où ils le trouvent : hommes de
loi, hommes d'église, avocats, juges, médecins, procureurs, moines et prélats, les maris,
les femmes, les servantes, les galants, les gens
d'armes, originaux de toute nature, « sots »
de toute robe et de toute condition, viennent
défiler sous les éclats de rire du public. Paro-

die bouffonne, satire plus ou moins outrée des mœurs du jour, la Farce plaçait du moins la comédie sur son vrai terrain, l'observation et la peinture de la vie réelle.

Le succès grandissant de la Basoche et des Enfants Sans-Souci n'avait pas tardé à provoquer la création d'une foule de sociétés rivales. Mais Paris n'eut pas seul le privilége des confréries dramatiques ; les provinces eurent leurs troupes fixes ou ambulantes. Des Champs compte le « théâtre » au nombre des séductions les plus irrésistibles de la ville[1]. Les princes eux-mêmes partagent l'entraînement général. Ils quitteront bientôt leurs hôtels pour aller voir jouer, à l'hôpital de la Trinité, le Mystère de la Passion. En attendant, ils ont à leurs gages[2] des « joueurs de personnages », qui leur procurent le plaisir des parades et des divertissements scéniques.

---

[1] Il dit, à propos des femmes de province :

> Pou (*peu*) vuelent estre en une ville
> Champestre (*en un bourg*)...
> Elles desirent les cités,
> Les douls mos à euls (*elles*) récités,
> Festes, marchiés, et le théâtre,
> Lieux de délis pour euls esbatre...
> (*Mir. de Mar.*, Rub. 53).

[2] Le duc d'Orléans, par exemple. V. H. Litt. t. XXIV.

Des Champs, vers la fin du siècle, n'était
plus d'âge ni d'humeur à s'enrôler parmi les
confrères de la Basoche, encore moins dans la
bande folle des Enfants Sans-Souci ; mais il
avait des amis parmi les avocats et les gens de
loi : il dut être convié plus d'une fois aux re-
présentations des Basochiens ; il riait sans
doute comme tout le monde aux joyeuses bouffonneries qui se débitaient sous les piliers des
halles. Rien d'étonnant qu'il ait écrit l'amusante « Histoire de l'avocat Trubert, et comment il fut despouillé aux dez par un nommé
Antroignart. »[1]

Cet Antroignart, natif, à ce qu'il assure,
d'Antroigne,

Une bonne ville en Soloigne,

est un fougueux plaideur. Un homme a pénétré
dans son jardin par escalade, et lui a dérobé
une amande. Il veut le faire mettre en prison.
— En prison pour une amande ! — Oui sans
doute ; et c'est dans ce beau dessein qu'il va
heurter à la porte de l'avocat Trubert. Maître
Trubert est friand de ces bons procès qui durent
des siècles, et nourrissent leur homme. Il

[1] *Man.*, 372, sq. q.

accueille avec un joyeux empressement cette
nouvelle dupe que le hasard lui amène. Sa
conscience est large ; mais quelle faconde !
quelle puissance d'argumentation ! de quoi
n'est-il pas capable ?

> Je feroië, par mon arguë (*mes subtilités*),
> Ce qui est noir devenir blanc...
> Je feroië d'un chien qui mort
> Un aignel simple et débonnaire...
> Jé fai d'un preudhomme larron,
> Et si fai d'un mauvais garson
> Homme de bonne renommée...

Une fois en verve, il ne tarit plus sur le chapitre de ses talents. Il sait le fin du métier. Un
client a-t-il intérêt à traîner les choses en longueur ? Maître Trubert saura découvrir les
moyens dilatoires, réclamer enquête nouvelle,
produire des témoignages inattendus ; d'ajournements en ajournements, la cause reste pen-
dante, au grand profit de l'avocat, et « maugré
les médisans ». Cours laïques, cours d'église,
tout lui est bon; mais il a un faible pour les cours
d'église : l'argent y joue un plus grand rôle, et
la corruption des avocats y fleurit à l'ombre de
la prévarication des juges. — Sur ce, Maître
Trubert reprend haleine. L'énumération de ses
mérites ne l'empêche pas de songer à l'argent :
point d'argent, serviteur ! donc, il exige des

arrhes de son nouveau client. Antroignart
s'exécute :

> Véez ci quatre frans, douls ami.

Trubert les examine, les tourne et les retourne :

> — Sont-ils de poids ? — Je les ai mis
> Par quatre fois sur le buquet (*trébuchet*)...

L'avocat insiste; le client s'impatiente à la fin :

> Pour moi n'avez rien fait encör,
> Et s' (*pourtant*) espeluchiez si (*ainsi*) l'argent !
> Ils sont de bon or, et de gent,
> Du coin du roi, et ont leur course (*cours*)...

Et Antroignart lui en fait voir vingt autres,
d'aussi bon aloi, qu'il a gagnés au jeu. Les
yeux de l'avocat brillent de convoitise :

> Montrez ça (*ici*), je vous le requier...
> Par saint Fiacre, ce sont bons frans,
> A cheval, armés pour la guerre...

et il les caresse avec amour, et s'oublie à les
contempler. Puis, comme saisi d'enthousiasme :

> Votre homme sera ravalé
> Si fort et de tele manière
> Qu'il n'osera lever la chière (*tête*).
> Tenez sa cause pour perdue...

Il a son idée ; mais, en rusé compère, il n'a garde de la laisser paraître. Il n'aborde pas le front de l'ennemi : il fait un détour. — Quelle fatigue que cette vie d'avocat ! avoir l'esprit toujours tendu à la chicane ! On a besoin de se reposer parfois :

> Si (*aussi*) me voudroie un po esbatre (*jouer*)
> Avecques vous, s'il vous plaisoit...

Au drinquet? à la vachette? peu lui importe. Antroignart choisira. Mais celui-ci se méfie des roueries de l'avocat. Il prend ses garanties, et exige de son adversaire le serment de ne pas tricher, sans vouloir le prêter lui-même :

> Non fai pas, *dit-il*,
> Car je ne sui pas advocat.

Voilà les joueurs aux prises. La chance favorise Antroignart ; il gagne une première fois, puis une seconde, puis une troisième ; et chaque fois l'enjeu de Trubert augmente avec sa rage. Il perd douze florins. Il ne se possède plus, et se répand en injures, en blasphèmes. — Je n'ai plus d'argent ! s'écrie-t-il. — Qu'à cela ne tienne ! répond le complaisant Antroignart :

> Sur vo mante (*votre manteau*) vous presterai...

Le manteau y passe et la ceinture.

> Prestez sur ma cote et pourpoint !

Cotte et pourpoint deviennent la propriété
d'Antroignart.

L'avocat tout nu, en haut de chausses et en
chemise, tempête, menace de « former appel ».
L'autre le raille : pareil appel est-il recevable
en justice ? Qui forçait à Trubert à jouer ? —
Et Antroignart, peu scrupuleux, ne s'arrête
pas en si beau chemin :

> Maistre Trubert, je vous affi (*affirme*)
> Que quatre frans qu'avez éus
> Me sont par vous à présent dus,
> Car pas n'avez plaidié pour mi (*moi*)...

Maître Trubert, bafoué, humilié et repentant,
se charge de tirer lui-même la leçon de sa mé-
saventure :

> Bien voi ceste chose estre vraie :
> Il n'est nul si grant advocat
> Que convoitise ne déçoive...

et il demande grâce à son heureux adversaire :

> Quitte-moi (*tiens-moi quitte*), je te quitterai,

Des C.   19

> Pour amande ne plaidoirai
> Jamais, pour nois ne pour noisette :
> Je te pri, quitte-moi ta debte,
> Et accorde avec ta partie...

Puis, prenant le bras d'Antroignart, il l'invite à venir « oumer de la purée » à la taverne prochaine, et noyer dans les pots le souvenir de leur dispute. Ils sortent

> En chantant : Barat (*ruse*) et Hasart (*jeu*)
> Et Faintise [1], avec Antroignart,
> Ont Maistre Trubert trumelé (*donné le croc en jambe ;*
>   [*de trumeau, jambe*)...

La morale de cette petite pièce pourrait être, comme on voit : tel est pris qui croyait prendre.

Il y a sans doute dans cette composition bien des longueurs, des négligences, des développements parasites. Si des Champs eût travaillé pour une scène véritable, il eût senti le besoin d'une composition moins confuse : il eût introduit des divisions plus claires dans l'ac-

---

[1] Ce ne sont pas seulement des personnages muets. A un moment de la scène, Faintise intervient pour glisser à l'oreille de Trube un perfide a-parte :

> Jouez, car je vous aiderai,
> Dit Faintise, et vous gagnerez ;
> Vous jetez plus bel (*vous jouez mieux*) qu'Antroignart ;
> Ce n'est qu'un vilain...

tion et imprimé au dialogue une allure plus
rapide et plus nette. Est-ce un fabliau, est-ce
une farce ! On ne le démêle pas tout d'abord.
Il semble que l'auteur, fidèle à ses vieilles habitudes de conteur satirique, ait eu peine à
céder la parole à ses personnages, à rompre
les lisières qui gênent leurs mouvements.
Mais il a pris son sujet dans le vif des
mœurs contemporaines : après avoir plus
d'une fois persiflé les avocats, il les a mis
en scène : il a chargé l'un d'eux de représenter tous ses confrères en fourberie et en
chicane, et de nous révéler, par une confession
naïve, leur caractère, leurs habitudes, leurs
travers. C'est un art plus savant, par cela
même qu'il se dérobe. On se méfie de l'écrivain satirique, qui peut paraître exagérer à
dessein les vices du modèle, mais comment
suspecter la bonne foi du poète comique qui
s'efface et disparaît derrière ses personnages ? Voilà ce que des Champs semble avoir
entrevu, en crayonnant une ébauche qui fait
songer de loin à ce chef-d'œuvre d'observation
et de fine raillerie, l'Avocat patelin.

CHAPITRE XX

J'ai laissé de côté la Ballade. Il convient d'y revenir au terme de cette longue étude, et d'en exposer brièvement les origines et les développements successifs jusqu'à des Champs. Je dirai d'abord quelques mots des genres secondaires.

Si nous jetons les yeux sur l' « Art de dictier (écrire en vers) et de fere balades et chants royauls, » que des Champs a pris la peine de composer, en 1392 [1], à l'usage des « faiseurs » de son temps, nous y trouvons la liste des différents genres poétiques reconnus et cultivés alors, Ballades, Chansons Royales, Pastourelles, Rondeaux et Virelais : voilà pour la poésie amoureuse ou satirique, sérieuse ou badine. La poésie religieuse est représentée

[1] V. Crap., p. 261.

par le Sirventois, consacré aux « louanges de
Dieu et de la Vierge Marie. » Mais, « pour ce
que c'est ouvrage qui se porte aux Puys d'A-
mour et que nobles hommes n'ont pas accou-
tumé de se faire, » l'auteur n'en dit rien et passe
outre. Le Lai, avec ses vingt-quatre « couples »
unies symétriquement deux à deux, et la variété des mètres qu'il emploie, est le langage
du récit héroïque, de l'éloge, quand il s'agit
d'un personnage illustre, du conseil, quand
on l'adresse à des rois [1].

Le Rondeau et le Virelai ont, comme la
Ballade elle-même, une origine dansante.

Le Rondeau, son nom l'indique, est primitive-
ment une petite « ronde » aux chansons. Le
coryphée donne le branle en entonnant un couplet dont les paroles sont mesurées sur un air
connu. Les premiers mots servent de refrain.
Ce refrain coupe le chant à deux ou trois reprises, imprimant chaque fois à la ronde un
mouvement plus rapide.

Multipliez le nombre des couplets, imaginez
que le tournoiement de la danse recommence
après chaque couplet, et que la ritournelle,
qui a servi de prélude et fait chaque fois « vi-

---

[1] V. dans CRAP. *le Lay de du Guesclin*, p. 151, et *le Lay
du Roy*, p. 57.

rer » le chœur, reparaisse dans une ronde finale, vous avez le Virelai. C'est l'antique Pastourelle. Mais, au xiv⁰ siècle, tandis que la pastourelle a gardé sa naïveté rustique, son abandon, son allure dansante, Rondeau et Virelai se sont assujettis à des règles fixes, et ont fait divorce avec la musique et la danse.

Des Champs distingue plusieurs espèces de Rondeaux :

1° Le « Rondel sangle (simple), » compte huit vers sur deux rimes : le troisième vers ramène le premier, et le sixième ramène les deux premiers :

> Est-ce donc vostre intencion
> De voloir retrancher mes gaiges.
> Vingt livres de ma pension ?
>
> Est-ce donc vostre intencion ?
> Laissiez passer l'Ascension !
> Que honnis soit vostres visaiges !
>
> Est-ce donc vostre intencion
> De voloir retrancher mes gaiges [1] ?

C'est ce qu'on a nommé depuis le Triolet.

2° Le Rondeau devient double, lorsque les deux premiers vers, répétés au commencement et à la fin de la pièce, encadrent deux

---

[1] V. Tarbé II, 118.

quatrains. Le type cité par des Champs n'est
pas fort poétique; on peut le voir à la page
277 de l'édition Chapelet. C'est la forme qu'a
rendue populaire le rondeau de Charles d'Or=
léans :

> Le tems a laissié son manteau, etc...

Il arrive souvent que le rondeau simple se
compose de douze vers au lieu de huit, lorsque le refrain, au lieu d'un vers unique, en
compte trois. Ainsi dans la pièce suivante :

> Je n'ose aler souper à court,
> Pour (*à cause de*) Savoisi et pour Portiers
> Qui lopinent trop volontiers ;
> Sur ce me font souper trop court.
> Maugier n'y pui, n'à quart, n'à tiers :
> Je n'ose aler souper à court.
>
> L'un d'euls à ma viande court,
> Et l'autre au vin ; poussins, pluviers
> M'arrache des poins. Ami chiers,
> Je n'ose aler souper à court,
> Pour Savoisi et pour Portiers
> Qui lopinent trop volentiers [1].

Ce n'est pas là le Rondeau moderne, composé, comme on sait, de treize vers en trois
couplets d'inégale longueur, à la fin desquels
reparaissent, en guise de refrain, les premiers
mots seulement du premier vers. Des Champs
ne nous offre pas un seul exemple de cette

____
[1] V. TARB., II, 164.

forme nouvelle dont l'emploi appartient au XVIe siècle, et surtout à Cl. Marot.

Le Virelai présente, chez notre poète, une assez grande variété de coupes et de mètres. Il nous avertit lui-même que le refrain « a aucune fois quatre vers, aucune fois cinq, aucune fois sept, et est la plus longue forme qu'il doie avoir [1]. » Le nombre des vers, dans chaque couplet, varie de 8 à 16, y compris le couplet initial qui sert de refrain. On connaît le joli virelai :

> Sui-je, sui-je, sui-je belle ?
> Il me semble, à mon avis,
> Que j'ai beau front et douls vis,
> Et la bouche vermeillette ;
> Dites-moi se je sui belle.
>
> J'ai verds yeux, petis sourcis ;
> Le chief blond, le nez traitis,
> Ront menton, blanche gorgette :
> Sui-je, sui-je, sui-je belle ?
> Il me semble à mon avis
> Que j'ai beau front et douls vis,
> Et la bouche vermeillette.
> Dites moi se je sui belle...
>
> J'ai mantiaux fourrés de gris
> J'ai chapiaux, j'ai biaux proffis,
> Et d'argent mainte espinglette :
> Sui-je, sui-je, sui-je belle ?
> J'ai draps de soie et tabis,
> J'ai draps d'or et blans et bis,
> J'ai mainte bonne chosette ;
> Dites-moi se je sui belle etc... [2]

---

[1] V. CRAP., p. 275.
[2] V. CRAP., p. 86.

Le huitain se décompose ainsi en deux quatrains que terminent alternativement le premier et le dernier vers de la ritournelle. C'est là, ce semble, le type de ce petit poème naïf qui reçut au xvie siècle, le nom de Villanelle.

Des Champs s'occupe surtout de la Ballade ; il en énumère avec soin toutes les variétés ; il indique les règles de l'envoi et de la « rubri- « que (refrain) », le nombre de vers qui forment le couplet, le nombre de pieds dont chaque vers se compose. Il recommande une attention particulière dans le choix des rimes : c'est la rime qui fait la beauté d'un couplet ; la rime, selon qu'elle est « léonine (riche) » ou « consonnante (suffisante) », donne à la Ballade sa qualification propre. Le chef d'œuvre, aux yeux des connaisseurs, c'est la Ballade « équi- » voque et rétrograde[1] », où la dernière syllabe de chaque vers forme le premier mot du vers suivant ; le même son, en se reproduisant, amène un sens différent ; « et ce sont,

----

[1] Voici l'exemple qu'en donne des Champs lui-même :

Lasse, lasse ! maleureuse et dolente,
Lente me voy, fors de souspirs et plains (*plaintes*) ;
Plains sont mes jours d'ennui et de tourmente ;
Mente qui vuet, etc...

Au xvie siècle, les Molinet, les Meschinot, les Guill. Cretin renchériront encore sur ces puérilités.

ajoute naïvement l'auteur, les plus fois balades qui se puissent fai e. »

Des Champs n'a pas écrit moins de 1774 ballades. C'est la forme poétique qu'il préfère : il contribua à la mettre en honneur. Mais ni lui, ni Froissart, qui a composé dans sa jeunesse toute une suite de ballades amoureuses, ne sont les inventeurs du genre ; Guillaume de Machaut s'y exerçait bien avant eux ; et il demeura entendu, depuis cet autre Ovide, « ce vray maistre d'amours », que la Ballade servirait à exprimer les épreuves et les tourments d'un cœur épris. C'est ainsi que le Livre des Cent Ballades nous montre, à côté des ducs de Berri et d'Orléans, les grands seigneurs et les gens de cour, les la Trémouille et les Couci, les Philippe d'Artois et les Jean Boucicaut, rivalisant d'ingénieuse galanterie et d'habileté poétique. Les règnes de Charles V et de son successeur sont déjà l'apogée d'un genre qui devait connaître de longues années de prospérité, jusqu'au jour ou, s'effaçant devant la gloire triomphante du Sonnet, il disparut sous la condamnation accablante et dédaigneuse des poètes de la nouvelle école[1].

---

[1] De ces vieux Chants Royaux décharge le fardeau ;

Où faut-il chercher l'origine de la Ballade[1] ? Son nom l'indique elle est née de l'alliance de la musique et de la danse avec la poésie. Nul doute qu'elle n'ait été chantée de bonne heure sur les bords de l'Adour et de la Garonne, de la Loire et du Rhône, comme l'Aubade et la Sérénade, comme le Rondeau lui-même. Elle présenta tout d'abord une suite de mots adaptés aux notes d'un air de danse, et ramenant, à des intervalles réglés par la cadence musicale, un refrain répété en chœur. Ce refrain, en passant de la langue des troubadours dans celle des trouvères, prit une place fixe et déterminée qu'il n'avait pas à l'origine, et devint le premier élément constitutif de la Ballade.

Le second fut la succession régulière des mêmes rimes, dans le même ordre, pour former des couplets égaux. Ce retour périodique des mêmes consonnances à chaque strophe ou stance, est une loi constamment observée dans les productions de la langue d'oc, et les poètes

Ote-moy la Ballade, ote-moy le Rondeau,

s'écriait Vauquelin de la Fresnaye, lançant un arrêt de proscription définitive contre ces vieilles formes que Marmontel regrettait encore au xviiie siècle.

[1] Provençal : *ba ada* ; en Italie *lallaia*, canzone da ballo (chanson à danser).

du Midi l'enseignèrent de bonne heure à leurs
émules de la langue d'oil. Ouvrez les chansons
du xiiie siècle ; chez Quesnes de Béthune, chez
Thibaut de Champagne, chez le sire de Couci,
la stance de huit ou dix vers est déjà complète
et régulière. Voici le premier couplet d'une
chanson d'amour du sire de Couci :

> La doce vois del rossignol salvage,
> C'oi (*que j'entends*) nuit et jour contoier et tentir,
> M'adoucist si le cuer et rassouage
> C'or ai talent ke chant (*que j'ai besoin de chanter*) por
> [esbaudir
> Bien doi chanter, puis qu'il vient à plaisir,
> Celi cui (*à celle à qui*) j'ai fait de cuer lige homage.
> Si doi aveir grant joie en mon corage,
> S'ele me vuet à son oes (*ad opus suum, à son service*)
> [retenir.

Mais le refrain n'apparaît pas encore dans les
chansons du xiie et du xiiie siècle ; ou, s'il se
rencontre dans quelques pièces d'Audefroy le
Bastard et de Richard Cœur de Lion[1], c'est
sous la forme d'un vers isolé, qui ne se rattache point par la consonnance finale au reste
du couplet.

Enfin, une troisième portion de la Ballade,
l'Envoi, cette demi-strophe finale indiquant la
destination du poème, se trouve et dans les

----

[1] V. Leroux de Lincy, *Rec. des Chants. Hist. de la Fr.*,
t. 1er.

chants d'amour des poètes du Languedoc et dans les chansons française du XIIIe siècle. Telle est la conclusion de la pièce que je citais tout à l'heure :

> Chanson, va-t-en por faire mon message,
> Là où je n'os trestourner ne guenchir *(me glisser)*,
> Que *(parce que)* tant redout la male gent ombrage
> [*sombre, envieuse)*
> Qui devinent ains que *(avant que)* puist avenir
> Li biens d'amour : Diex les puist maléir *(maudire)* !
> A maint amant ont fait ire et damage ;
> Mais j'ai de ce mout cruel avantage
> Qu'il les m'estuet seur mon cuer *(au nom de ma ten-*
> [*dresse)* obéir.

De même Thibaut de Champagne :

> Dame, de qui est ma grant desirrée,
> Saluz vos mant d'outre la mer salée,
> Com à celui où je pens main et soir.
> N'autre pensers ne me fait joie avoir.

Et ce quatrain reproduit les deux dernières rimes du couplet qui précède, ce qui est une règle essentielle de l'Envoi.

Nous ne savons à quel moment la Ballade reçut sa forme définitive. Mais, du jour où les trouvères, renonçant aux longs poèmes mono-rimes, se mirent à composer ces petites pièces légères, Rotruenges, Virelais ou Chansons balladées, Pastourelles et Rondeaux, qui se

dansèrent longtemps au son de la rote ou de
la vielle, la Ballade a dû être l'objet d'une
culture toute particulière. Cet acte uni à celles
trois couplets ou l'entrelacement des rimes
rimes amenait un même refrain pouvait avoir de
la grâce et du charme. Nos poètes adoptèrent
ce cadre, en raison même des difficultés d'exécution qu'il présentait. Une institution nouvelle
contribua à la fortune de la Ballade. Vers le
début du XIVe siècle, se formèrent des associa-
tions destinées à entretenir et à propager le
goût des travaux poétiques. On les nomma
Puys d'Amour, Jeux sous l'Ormel, plus tard
Chambres de Rhétorique. Valenciennes avait
eu son Puy dès l'année 1229; on en voit un se
fonder à Diest Brabant en 1302; Douai eut le
sien en 1330. En 1323, dans un voyage à Tou-
louse, le roi Charles le Bel approuvait les statuts de l'Académie des Jeux Floraux, qui
naissait à peine. Ces sociétés littéraires avaient
des réunions périodiques, instituaient des
concours de poésie, décernaient des prix. A
leur tête un président, lauréat de l'un des
précédents concours, recevait le nom de « roi »
ou de « prince », et c'était à lui que s'adres-
saient les pièces destinées à concourir: de là
le nom de Chants Royaux que reçurent ces

compositions. Le Chant Royal ne fut que la
Ballade agrandie, soumise à l'emploi du vers
décasyllabique, et portée à cinq couplets de dix,
onze ou même douze vers. L'auteur fut, dans
le principe, dispensé du refrain, mais non de
l'envoi, qui devint partie intégrante et indispensable du poème. Les deux variétés du
Chant Royal, la Sotte Chanson, bouffonne ou satirique, et le grave Sirventois, furent astreints
aux mêmes règles. Nous trouvons dans le
recueil de Froissart deux « Chançons Royauls
amoureuses » qui obtinrent le prix, l'une à
Valenciennes, l'autre à Abbeville ; la première
est écrite en couplets de onze vers, la seconde
en dizains. Une autre fois, fut couronnée au
Puy de Lille une « Chançon royal sote amoureuse », histoire burlesque d'un amour ridicule.
Le même recueil nous offre deux Sirventois en
l'honneur du Miracle de la Conception de
Notre-Dame, couronnés à Tournai et à Valenciennes. Ce genre, qui semble peu fécond,
vécut longtemps grâce au patronage des Puys,

---

1 C'est l'explication la plus probable du mot : elle est une
de celles que donne Estienne Pasquier. De même il serait assez
difficile de se prononcer, preuves en main, sur l'antériorité de la
Ballade ou du Chant Royal. Mais il est naturel de supposer
que la forme la plus simple, la plus courte, la plus libre, a dû
précéder l'autre.

et il se rencontre encore un Sirventois parmi
les œuvres de Marot, ce dernier et illustre
représentant de la Ballade au xvie siècle.

Avec le temps, le Chant Royal se vit imposer
le Refrain : c'est ce que nous apprend l'auteur
du premier Art Poétique imprimé en français,
juste un siècle[1] après celui que rédigea des
Champs : « Champt Royal, dit l'écrivain, se
recordent aux Puys, où se donnent couronnes
et chapaulx à ceux qui mieux le savent faire,
et se fait à refrain, comme Balade ; mais il a
cinq couples et envoy. » C'est ce que confirme
le passage suivant d'Estienne Pasquier[2] « Au
Chant Royal le fatiste (ainsi nommèrent-ils le
poëte, d'un mot françois symbolisant avec le
grec) estoit obligé de faire cinq onzaines en
vers de dix syllabes que nous appelons héroïques, et, sur le modèle de ce premier, falloit
que tous les autres tombassent en la même
ordonnance qu'estoit la rime du premier, et
fussent pareillement accolez mot pour mot du
dernier vers qu'ils appeloient le Refrain. Et
enfin, fermoient leur Chant Royal par cinq vers
qu'ils nommoient Renvoy, gardant la même rei-

---

[1] *L'Art et Science de Rhétorique*, pour faire Rigmes et Balades... (par HENRI DE CROÏ), Paris 1493.
[2] V. *Recherches de la France*, ed. 1643, p. 609.

gle qu'aux autres, par lesquels, les adressant à
un prince, ils récapituloient en brief ce qu'ils
avoient amplement discouru dedans le corps
de leur poëme... Servitude certes, que je ne
dis gehenne d'esprit admirable », — ajoute Pasquier, en constatant la décadence du genre
depuis le règne d'Henri II — « et cependant ils
en sortoient à leur honneur. » Il est certain
que le rhythme uniforme et lent du Chant
Royal ne vaut pas la savante variété de mètres
inaugurée par Ronsard et la Pléiade ; pourtant, cette marche régulière du poëme, qui se
déroule sur quatre ou cinq rimes heureusement alternées ou redoublées, a de la force et
de la majesté sous la main d'un vrai poète ;
témoin ce premier couplet de la pièce patriotique composée par Charles d'Orléans en 1445[1]
pour célébrer la reprise de la Guienne et de la
Normandie sur les armées anglaises :

> Comment voy-je les Anglois esbahis !
> Resjoys-toy, franc royaume de France !
> On apperçoit que de Dieu sont haïs,
> Puisqu'il n'ont plus couraige ne puissance.
> Bien pensoieüt par leur outrecuidance
> Toy surmonter et tenir en servaige,
> Et ont tenu à tort ton héritaige :
> Mais à présent Dieu pour toy se combat,
> Et se moustre du tout de ta partie,

[1] V. LEROUX DE LINCY, *Rec. de Ch. Histor.*, t. 1er.

Leur grant orgueil entièrement abat,
Et t'a rendu Guienne et Normandie.

On ne saurait méconnaître l'harmonie de la strophe ainsi conçue : on n'y regrette que la gêne inutile du refrain au onzième vers.

Le Chant Royal s'était rapproché de la Ballade en lui empruntant son refrain : la Ballade se rapprocha du Chant Royal, lorsqu'elle eut adopté l'usage de l'envoi, dont il avait eu seul d'abord le privilége. Mais pendant qu'il affectait une démarche plus noble, et se laissait affubler d'un vêtement plus orné, la Ballade garda son allure légère et dansante, souvenir de sa première origine ; elle eut plus d'abandon, de grâce naïve et piquante. Le refrain devint chez elle, à la volonté du « faiseur, » le mot de la tendresse ou du dédain, du badinage ou de l'ironie, de l'apostrophe amère ou du compliment délicat. Contente de ses trois couplets, elle se réserva le droit d'en étendre ou d'en restreindre les proportions, d'employer à son gré les vers de 7, de 8 ou de 10 pieds [1], d'al-

---

[1] Voici la siance en vers de 7 pieds dans Machaut ; elle est spirituelle et vive :

Ceuls dicüt qui ont amé
Que vie est (*c'est une vie*) de joïe pleine ;
Mais quant j'y ay bien pensé,

terner les mètres[1]; d'essayer des « tailles »
(coupes) nouvelles. C'est ainsi que des Champs
apprit de son maître Machaut l'emploi du vers
de 7 ou de 8 pieds, jeté au milieu de la stance
pour rompre la monotonie du rhythme[2]. Ma-

> C'est de tristour la fontaine.
> Je l'appercoy par Hélaine,
> Par Tisbé et Pyramus,
> A qui mort en vint soudaine :
> Pour ce n'aimeray-je plus...
> > (*Man.*, p. 17, Bal. d'Amour recreu).

Voici le vers de 10 pieds, formant huitain :

> S'il n'est d'argent ou de joyaux garni,
> Celui est fol qui cuide avoir amie
> Au tems présens, n'estre appelé ami;
> Pour bien amer, sans penser vilanie ;
> Car son tems pert et folement varie (*trouble, agite*) ;
> Par moy le say, qui bien l'ay esprouvé,
> Quant ma Dame m'a dit : Fol, quoi qu'on die,
> Le povres homs ne sera bien amé.
> > (*Ib.*, Bal. des Povres amoureus).

[1] Voici le vers de 5 pieds alternant avec celui de 7 pieds :

> Onques mes cuers ne senti
>   Si dure dolour,
> Com quant je me desparti
>   De ma douce amour.
> Mais ce me rendi vigour
>   Qu'ele, vis à vis,
> Me dit par très-grant douçour :
>   Adieu, dous amis...
> > (*Ib.*, p. 56).

[2] J'emprunte un exemple à Machaut. L'amant dit à sa maîtresse :

> Dame, vous aim de fin loyal corage,
> Vous ay amé et ameray toudis.

chaut était peut-être l'inventeur de cette coupe ingénieuse, familière à Froissart comme à des Champs [1].

La Ballade révèle parfois chez notre poète un sentiment très-juste de l'harmonie. Ses combinaisons métriques ne sont pas bien savantes ; il ignore la succession des rimes masculines et féminines alternées [2] ; mais il montre dans l'emploi des divers mètres un réel instinct du rhythme. Veut-il aiguiser le trait, il

> Se vous avez pris autre en mariage,
> Doi-je pour ce de vous estre en sus mis,
>   Et de tous poins en oubli ?
> Certes nennil ; car puisque j'ay en mi
> Cuer si loyal qu'il me saroit meffaire,
> Vous ne devez vo cuer de moy retraire.
>
> (V. Crépet, *Anthol. Fr.*, t. I, p. 324).

On trouve un heureux emploi de cette coupe dans la ballade de des Champs sur du Guesclin :

> Estoc d'honeur et arbres de vaillance...
>
> (Crap., 27).

[1] Il convient de citer, parmi les représentants de la Ballade au xiv⁰ siècle, un poète dont le hasard a fait découvrir assez récemment, dans les feuillets d'un manuscrit de la Bibliothèque Nationale, le nom et les œuvres mutilées. Il s'appelait Johannot de l'Escurel.

(V. Crépet, *Anthol. Fr.*, t. I, p. 316).

[2] Des Champs toutefois remarque judicieusement que la consonnance finale ne doit pas toujours porter sur un son fermé : « La Ballade, dit-il, n'en est pas si plaisant ne de si bonne façon ».

(Crap., p. 270).

choisit le vers de huit pieds qui semble courir :

> Gard toi de l'oiseleur qui prent
> Les oiseauls par chant contrefait (*imité*)...
> Gard toi de femme qui te fait
> Douls semblant, et ami te nomme.
> C'est pour toi jouer d'un fauls trait :
> On ne doit pas croire à tout homme [1]...

Plus agile encore est le vers de sept pieds :

> Enseignez-moi, douce gent,
> Vérité : se (*si*) je la truis (*trouve*),
> J'ai de l'or et de l'argent
> Que trop bien donner vous puis ;
> Mais fortment esbahis suis,
> Que je ne la sai treuver.
> — Va donc heurter à son huis.
> — Où puet-ele demeurer [2] ?

Aucun mètre ne se prête mieux à la peinture d'une action énergique et tumultueuse. Il exprime à merveille et l'irrésistible élan du grand capitaine (du Guesclin), et les sourdes menées de la haine [3] :

> Ainsi conquéroit païs :
> Chascuns estoit esbahis
> Du grant fait de sa conqueste ;
> Lors (*il*) fut d' (*par*) envie envahis (*attaqué*),
> Et devers (*par devant*) la court trahis (*dénoncé.*)

[1] *Man.*, 339, col. 1.
[2] *Man.*, 359, col. 1.
[3] V. Crap., p. 158.

Envie est trop mal beste :
Tel clignoit vers lui sa teste (*s'inclinait devant lui*),
Duquel il estoit haïs,
Qui se faingnoit ses (*son*) amis
Par faintise deshoneste [1].

Si l'on veut comprendre l'effet d'un rhythme différent dans l'expression d'une même idée poétique, que l'on compare la ballade au refrain bien connu :

Ça de l'argent, ça de l'argent [2],

et la chanson royale dont chaque couplet se termine par ce vers

Pour Dieu, vous pri, gardez-vous des barbiers [3].

Les deux pièces sont également satiriques ; elles dénoncent, sous le couvert de l'allégorie,

[1] On reconnaît la strophe de Malherbe :

Tel et plus épouvantable
S'en allait ce conquérant,
A son pouvoir indomptable
Sa colère mesurant.
Son front avait une audace
Telle que Mars en la Thrace ;
Et les éclairs de ses yeux
Etaient comme d'un tonnerre
Qui gronde contre la terre,
Quand elle a fâché les cieux.

(*Od. à H. IV*).

[2] CRAP., p. 189.
[3] TARB. I, p. 65.

l'avidité des grands, la lourdeur des impôts, la
dureté des collecteurs. Mais dans la première,
le rhythme saccadé des vers de 8 syllabes
peint l'effarement du troupeau qui se débande
et fuit; le vers de 10 syllabes, plus ample,
d'un mouvement plus lent, donne à la seconde
un autre caractère. Lisez ce début :

> Une brebis, une chèvre, un cheval
> Qui charruioit en une grant arée (*plaic*),
> Et deux grans buefs (*bœufs*) qui t'..eni en un val
> Pierre qu'on ot (*avait*) d'un haut mont descavée (*extraite*),
> Une vache sans let (*lait*), moult descharnée,
> Un povre asne qui ses crochès portoit
> S'encontrèrent...

Ne vous semble-t-il pas voir, exprimés par la
marche pesante et lourde de la phrase, l'acca-
blement de la fatigue, la morne résignation
du désespoir?

Notons enfin, dans un genre plus relevé, une
pièce d'une souffle vraiment lyrique. Le poète
a vu les passions violentes se déchaîner et
répandre autour d'elles la menace et l'effroi :
il se rassure en pensant que cet excès de rage
ne saurait durer ni se soutenir :

> J'ai vu la rivière de Seine,
> Du Rhône, de Loire et du Rhin,
> Par inondation soudaine
> Courre (*courir*) ès champs et par li (*les*) chemin
> Comme une mer, et leur traïn (*impétuosité*)

Demeurer une longue espace
De tems ; et puis ceste eslevace (*crûe*)
Se despartoit soudainement,
Faisant l'eauë des flums (*fleuves*) plus basse :
Peu dure chose violent [1].

Ici l'image, le tour, l'heureux entrecroisement des rimes se réunissent pour donner à la pensée la force, le nombre et l'éclat.

La Ballade était devenue, vers la seconde moitié du xive siècle, un genre à la mode. Elle jouit, pendant plus d'un siècle, d'une grande liberté de tour et de ton. Plus tard il n'en fut plus de même, et l'auteur d'un « Grant et Vray Art de pleine Rhétorique » publié en 1521 [2], la confine dans le couplet de huit vers octosyllabiques, et déclare suranné [3]

---

[1] *Man.*, 250.

[2] Ce livre fut réimprimé en 1532 (1 vol. p. in-8) sous ce titre : « Le Grant et vray Art de pleine Rhétorique, composé par très-expert, scientifique et vray orateur maistre Pierre Fabry, en son vivant curé de Méray etc... »

[3] Il cite à ce propos comme exemple une ballade satirique qui fut jetée dans le camp des princes ligués contre Louis XI en 1465 par les Parisiens assiégés. En voici le premier couplet :

Quant vous verrez les princes recullés
Et eux mesmes meus en dissension,
Quant vous verrez les sages aveuglés
Pour soustenir police et union,
Quant les flatteurs, par leur séduction,
Informeront les seigneurs au contraire,
Quant on croira des fols l'opinion.
Soyez asseurs qu'aurez beaucoup à faire...

V. cette pièce et une autre de la même époque dans LEROUX DE LINCY, t. I, p. 356.

l'emploi du vers de dix syllabes en ce genre
de poésie : « Aucuns, dit-il, font ballades en
vers de dix syllabes... et les autres prennent
deux lignes pour refrain... Mais si (l'auteur)
excède huit lignes et huit syllabes, ce n'est
plus ballade. » Trente ans après, Thomas Sibilet, écrivant un traité des genres poétiques,
qui parut pour la première fois en 1555 [1], af-
firma que la Ballade était, à l'origine, exclu-
sivement consacrée aux sujets sérieux et relevés. « Mais, dit-il, avec le tems, empireur
de toutes choses, les poètes françois l'ont
adaptée à matières plus légières et facétieuses,
en sorte qu'aujourd'hui la matière de la ballade est toute telle qu'il plaist à celui qui en
est auteur. » Ce que l'écrivain du XVI° siècle
signale ici comme un déclin du genre en fut
l'essence même. Sans parler de des Champs,
que Sibilet ne pouvait connaître, les ballades
de Machaut et de Froissart, celles de Charles
d'Orléans comme celles de Villon, de Christine de Pisan et de Marot lui-même, ne sont-
elles pas la preuve que la Ballade admettait
tous les tons, se pliait à toutes les fantaisies
du poète ?

---

[1] *Art poétique françois,* pour l'instruction des studieux, etc...
Paris, Vve Regnault, 1555.

La Ballade, souvent adressée à de grands personnages, patrons des poètes, retint volontiers l'appellation de *Prince*, dont le Chant Royal avait fait le premier mot de son envoi. En adoptant l'usage de ce courtois et galant épilogue, on en varia les termes selon la qualité et le sexe de la personne qu'on avait en vue. On le supprima d'ailleurs toutes les fois qu'on le jugeait superflu. C'est la pratique constante de Machaut et de Froissart : c'est celle de des Champs. Les ballades qu'il termine par un envoi sont des confidences familières sur tout sujet, à l'adresse des personnages les plus divers.

Un certain nombre de chansons royales figurent parmi les œuvres de des Champs. Ce sont des ballades de proportions plus amples et d'un style parfois plus soutenu. Telle de ces pièces se rattache à un événement politique ou religieux considérable, la guerre avec l'Angleterre [1], le schisme [2] ; telle autre est une satire éloquente du temps présent [3] ; celle-ci est un souvenir de ses campagnes [4], ou

---

[1] *Man.*, 311, col. 4.
[2] TARB., I, 180.
[3] CRAP., 69. V. ci-dessus p. 311.
[4] TARB., I, 77.

de ses voyages [1] ; celle-là retrace une scène
de mœurs villageoises, un lieu commun de philosophie pratique [2]. Rien n'autorise à croire
que ces divers poèmes aient été composés en
vue des concours de poésie. Les relations de
des Champs ne semblent pas avoir été bien
fréquentes avec les cercles littéraires de son
temps [3]. Reims ne comptait encore aucune société de ce genre, et quant aux réunions dont
il était l'Empereur ou le Prince à Vitry, à Vertus, à Epernay, elles paraissent avoir été,
non des cénacles de lettrés, mais bien plutôt
des compagnies buveuses et chantantes comme
celle qui, au début du XVᵉ siècle, sous le nom
de Galants ou de Gales Bon-Temps, se ras-
semblait à Vire autour du joyeux foulon Olivier Basselin. Peut-être même notre poète
tenait-il en médiocre estime les prétentions de
ces académies, alors nouvelles, et la ballade
où il complimente un certain duc de Poligiéras,

> Métrifians mieux de (*que*) Pitagoras,

[1] TARB., I, 143.
[2] TARB., II, 29.
[3] Des Champs a connu Christine de Pisan, beaucoup plus
jeune que lui ; mais les rapports entre eux se bornèrent à une
épître que lui écrivit Christine en 1403, et à laquelle il répondit
par une ballade assez faible qu'a citée M. TARBÉ, t. II, p. 19.

Un fait assez curieux à noter, ce sont les relations littéraires
de l'Angleterre et de la France au XIVᵉ siècle. La situation res-

qui s'en va porter en Languedoc les
lauriers conquis dans les pays d'amour de
l'Ile de France, pourrait bien être une raillerie

pective des deux pays amena fréquemment à la cour de Charles V ou de son fils des négociateurs anglais. Ce fut ainsi que
le poète Chaucer vint en France au commencement de l'année
1377, chargé d'une mission diplomatique. Des Champs dut le
voir à cette époque ; quatorze ans plus tard, en 1391, il adressa
au poète déjà célèbre, au *grand translateur* du Roman de la
Rose, une ballade où il se représente lui-même comme un écolier, à côté de ce *Socrate plein de philosophie*, de cet *aigle de
haut vol* :

> pren en gré, *lui dit-il*, les euvres d'escholier
> Que par Clifford de moi avoir pourras.

Ce Louis de Clifford, *l'amoureux Clifford*, comme l'appelle
ailleurs des Champs, était un de ces chevaliers anglais, fort bien
vus à la cour de France, qui passaient à chaque instant la mer,
soit pour guerroyer contre nous, soit pour prendre part aux joûtes
fastueuses données par le roi, soit pour négocier des trêves ou
des traités de paix. Il paraît avoir vécu dans la familiarité de ces
courtisans lettrés et bien disants, auteurs du Livre des Cent
Ballades, les Jean de Werchin, les Boucicaut, les Creseques,
les Jean de Bordes, les Regnault de Trie, les Tignonville, et
de tant d'autres qu'a nommés des Champs.

G. Chaucer n'a écrit qu'en anglais ; mais son ami et son
émule Jean Gower a écrit en français, vers 1350, une suite de
ballades amoureuses d'un sentiment assez délicat. Il est curieux
de retrouver, de l'autre côté de la Manche, toute la poétique en
usage alors chez nous : lieux communs sur l'amour et sa puissance magique, réminiscences des légendes antiques ou des romans d'aventures, Jason, Ulysse ou Thésée, Lancelot, Tristan
ou Partonope, cités en exemple etc. Il y a évidemment certains sujets autour desquels s'est produite, de part et d'autre, une
véritable émulation de galanterie : tel est ce thème poétique de
la Marguerite, fleur ou princesse, chantée à la fois par Machaut
(*Le Dict de la Marguerite*), par Froissart (*Le Dittié de la Mar-
gherite*) et par Chaucer (*The Floure and the Leafe*) ; telle est cette
fameuse dispute de la Feuille et de la Fleur, symboles de la

à l'adresse de quelque vaniteux « rhétorique », et des juges qui l'ont couronné.

Il n'est pas de mon sujet de suivre les destinées de la Ballade après des Champs. Je me bornerai à rappeler qu'elle fut pendant deux siècles (1350-1550) la forme préférée de notre poésie française. Des Champs, par l'usage heureux et varié qu'il en fit, dut contribuer plus que personne à la fortune du genre.

Vertu et de la Beauté, qui ont inspiré à des Champs deux ballades, et à Chaucer un poème. Gower a repris à son tour l'idée de Chaucer, dans la 4e partie du poème intitulé *Confessio Amantis* (voy. Todd's. *Illustrations of Gower and Chaucer*, London, 1810). Il y aurait du reste un rapprochement possible entre l'auteur du *Speculum Meditantis* et celui du *Miroir du Mariage* : on retrouverait sans peine chez des Champs le tour d'esprit moralisant que l'on signale chez celui que Chaucer appelait le *moral Gower*.

[1] Tarb., I, 148.

CHAPITRE XXI

ORIGINALITÉ PROPRE DE DES CHAMPS. — CONCLUSION.

La langue de des Champs est pauvre et
sèche; la pureté lui manque, et très-souvent
la netteté. Les incorrections, les locutions barbares abondent dans sa phrase. Les formes
grammaticales y sont à chaque instant modi-
fiées, altérées de la façon la plus arbitraire;
les désinences s'allongent, se resserrent, se
retranchent selon les besoins de la rime ou les
exigences de la métrique. Le style n'est pas
moins défectueux : la pensée du poète s'égare
en digressions sans fin, se noie dans les re-
dites les plus fastidieuses. Mais sur cette trame
embrouillée et obscure se détachent, nous l'a-
vons vu, des traits d'une précision vigoureuse,
d'une vérité simple et forte; soit qu'il oppose
la majesté divine à cette majesté d'emprunt

qui s'évanouit en un instant « comme la neige se fond au premier rayon de soleil[1] », soit qu'il montre les hommes, princes et sujets, grands et petits, égaux devant la mort qui les jette tous également aux pieds du juge suprême et sans appel[2]; soit qu'il nous offre dans le vaisseau longtemps battu des ondes, une image de la vie humaine :

> Quant une nef par vieillesse périt,
> Qui par mer a couru très-longuement,
> Le fuste (*les poutres, fustis*) bas et le bois se pourrit,
> Et les costés branlent légièrement (*au moindre choc*)...
> Ainsis est-il de l'homme [3]...

Il a des strophes d'un fier élan, d'une gravité mâle; tel est ce début à l'adresse des rois qui se laissent manquer de respect :

> Se (*si*) ceuls qui ont seignorie à garder
> Savoient bien que c'est d'obéissance (*ce que c'est que
> [l'obéissance*),
> Et comment roi se doit faire douter
> Et en tuit cas tenir son ordonnance,
> L'on puniroit tant désobéissance
> Qu'à tous jours mais (*à tout jamais*) en seroit men-
> [tion [4]...

---

[1] Crap., 2.
[2] Crap., 103.
[3] *Man.*, 48, col. 1.
[4] *Man.*, 255, col. 4.

Que pourrait-on changer à ce couplet d'une
si vive allure ?

> De deux seigneurs, dont l'un est souverain,
> Auquel des deux vaut (*vaut-il*) mieux servir (*asservir*)
> [sa vie,
> Ou au plus grant, qui est de pitié plein,
> Qui cognoit tout, qui donne et ne toult mie (*retire*
> [*rien*),
> Qui le mesfait pardonne à sa mesnie (*ses serviteurs*)
> Quant se repent, et les a en chierté (*amitié*),
> Ou au seigneur moyen, plein de fierté
> Qui donne et toult, et qui n'a rien estable,
> Et qui punit sans grace et sans pitié,
> Périlleux (*capricieux*) est, attrayant (*exigeant*), déce-
> [vable (*trompeur*) [1] ?

Ce ne sont là sans doute que des éclairs ;
mais ils révèlent l'âme d'un poète. Ajoutons
qu'on trouverait sans trop de peine des pièces
de tout point remarquables par la justesse de
l'expression, l'heureux choix des tours, le développement harmonieux de l'idée. Telle est
cette ballade d'un accent si vrai et si ému, où le
poète répond aux attaques des jeunes fous qui
dénigrent le passé sans le connaître[2]; et cette
autre dans laquelle, apostrophant ce siècle « lâ-
che et recréant » où manquent les grandes pensées, les généreux sentiments, il lui demande

[1] *Man.*, 105, col. 3.
[2] CRAP., 69.

où sont ses Roland et ses Olivier [1]. Mais d'ordinaire, il faut l'avouer, l'inspiration est courte et ne se soutient pas.

Une chose a manqué à des Champs pour remplir toute sa destinée poétique : c'est le goût. Le goût est le sentiment et le besoin de la perfection dans les œuvres de l'esprit ; il est le fruit de l'étude, et ne s'acquiert que dans la pratique et le commerce des modèles ; il suppose une étendue de connaissances, une maturité de raison dont le XIVe siècle était incapable et que l'éducation scolastique ne pouvait donner aux lettrés. Le français du XIVe siècle ne valait pas l'italien de Pétrarque ; mais la Ballade, comme forme poétique, valait peut-être le Sonnet, dont la fortune a été plus brillante. En enfermant l'écrivain dans un cadre circonscrit, elle l'obligeait à donner à sa pensée toute l'exactitude, toute la concision, toute la vigueur dont elle était susceptible : des Champs est diffus, inégal, incorrect. Il n'a pas su maîtriser la langue et la soumettre au frein. Tarde-t-elle à répondre à son impatience ? il la brise, au lieu d'essayer de l'assouplir. Pétrarque, à la même époque, s'est montré poète achevé

____

[1] *Man.*, 255, col. 3.

dans sa langue maternelle, parce qu'il avait
appris à penser et à écrire à l'école de Cicéron
et de l'antiquité ; il n'eût pas produit ses admirables sonnets, s'il n'eût puisé dans Virgile
l'habitude et le goût de la perfection. La France,
au XIVe siècle, n'a pas eu son Pétrarque.

Ces réserves faites, il convient de rendre à
des Champs toute la justice qui lui est due. Il
possède un genre de mérite que les règles ne
donnent pas, et que la mauvaise poétique de
son temps n'a pu lui enlever. Tandis que les
poètes en vogue autour de lui se bornent à
ressasser les mêmes allégories fades, les mêmes mignardises apprêtées, il conserve un vif
sentiment de la réalité. Il a passé une notable
partie de son existence à regarder les gens
entrer et sortir, aller et venir devant lui. Il a
vu la diversité des caractères se révéler par le
geste, le son de voix, le rire. Celui-ci rit des
yeux, celui-là du bout des lèvres, cet autre a le
rire hypocrite, ou méchant [1]. Il rend son impression d'un trait brusque, négligé, mais juste
et franc. Ses ballades abondent en mots heu-

---

[1] L'un rit des ieuls...
  Et l'autre rit qui ne passe le dent.
  Aucuns y a qui rit fainteusement,
  Et l'autre rit qui a joïe du mal...

(Man., 219).

reux, en détails originaux et de premier jet.
— Voilà quarante ans que son curé chante le
« Requiem [1] » : à quand la paix ?—Voulez-vous
des nouvelles fraîches de Rome et d'Avignon?
un homme en vient, qu'il fait parler :

Tout ira bien — Et quand ? — L'autre semaine !

et, de couplet en couplet, il vous poursuit, il
vous harcèle de son ironique refrain.

Demandez-lui son avis sur le temps présent;
il répond :

C'est tout honeur,
Loyauté, vérité et foy ;

mais il vous fait un signe, et vous l'entendez
murmurer entre ses dents :

Je ne di pas quan que (*tout ce que*) je pense [2].

Il a des entrées en matière pleines de bonne
humeur et de gaieté :

Alarme, alarme ! hiver est descendu [3]...

Il a des tours expressifs, comme La Bruyère
en invente pour réveiller la curiosité :

Avant, avant ! tirez-vous ça (*faites place*) !
Je voi merveille, ce me semble !...

[1] Tarb., I, 81.
[2] Crap., 32.
[3] Tarb., I, 156.

Grande merveille en effet ! dix mille rats (les soldats Français en 1386) prêts à passer la Manche sur un radeau !

Il a surpris le manége des courtisans, ces pénitents d'un nouveau genre, qui se disputent l'oreille du prince afin d'y glisser la même confession :

> Sire, souviegne-vous de moi [1] !

Pour lui, il n'a pas de chance ; il arrive toujours trop tard :

> Toujours je vien à escourre (*quand on secoue, lève*) les
> [nappes [2] !

Il ne raffine guère sur l'expression : il suffit que le coup porte. Lisez cette rude boutade [3] :

> Que font prélas aux courts royauls,
> Que font les lais (*laïcs*) aux courts d'église ?...
> Que fait chanoine, qui ricane (*éclate de rire*)
> Comme un asnes, en un moustier ?...

ou celle-ci, contre le cumul des bénéfiçes ecclésiastiques [4] :

> Vous qui tenez cinq prouvendes ou six...

[1] TARB., 1, 168.
[2] *Man.*, 218.
[3] *Man.*, 294.
[4] TARB., I, 182.

> Patronaiges, chapelles neuf ou dix,
> Cures aussi, pour remplir vos boyauls
> Et de vos gens, estes-vous bien loyauls ?

Ailleurs l'amertume de la raillerie se dérobe sous un calme apparent. Une ordonnance royale vient de retrancher aux vieux serviteurs leurs gages à vie. C'est bien, dit-il, les vieux s'en vont et font place aux jeunes : tout est dans l'ordre !

> L'un (*le vieux*) s'en fuit et l'autre (*le jeune*) accourt :
> Ainsi le pain de l'un à l'autre court [1] !

Il affectionne les vieux proverbes, les dictons familiers et populaires; il en fait volontiers le refrain d'une ballade, et les rajeunit par l'application :

> On ne cognoit aux robes les pensées [2]...
> Il n'est trésor qui puist (*puisse*) valoir franchise (*l'in-
> [dépendance*)... [3]

Veut-il exprimer les misères d'un corps usé par l'âge et les infirmités :

> Toujours faut ouvrer (*travailler*) en viez (*vieille*) selle [4],

---

[1] *Man.*, 218.
[2] CRAP., 17.
[3] *Man.*, 63.
[4] *Man.*, 252.

dit-il. Entend-il les gens se plaindre et demander : Pourquoi la pluie ? pourquoi l'orage ?
sottise ! on a beau maugréer :

> Encore est Dieu où il souloit *(avait l'habitude)* [1].

Il emprunte aux artisans des termes de métier, des rapprochements, des comparaisons : —
le royaume est un « courtil » (jardin) ; malheur
au jardinier qui s'y laisse envahir par les
mauvaises herbes ! — Si la « règle » est nécessaire au charpentier, au couvreur, au charron,
est elle moins indispensable au prince [2] ?

Des Champs a cette pointe de gaieté relevée
de fantaisie qui fait les bons contes : c'est un
ami qui frappe à sa porte et réclame un conseil [3] ; c'est un courtisan à la recherche des
moyens de parvenir et qui présente requête à
la Folie [4] ; c'est le poète lui-même courant
après la Vérité, demandant de ses nouvelles à
Rome, à la Cour,

> En Avignon ; mais elle estoit partie [5]...

---

[1] *Man.*, 262.
[2] *Man.*, 383.
[3] CRAP., 96.
[4] CRAP., 106.
[5] Voici ce piquant apologue ; il se rapporte à la profession

ce sont des apologues instructifs, d'où la
personne et la pensée de l'auteur ne sont

même du moraliste satirique : on pourrait l'intituler le Voyage
à la Recherche de la Vérité [1].

> Hélas ! (*je*) doi bien mon temps plaindre et gémir,
> Et regreter mon labour (*peine*) et ma vie,
> Qui (*moi qui*) onques jour ne cessai de quérir
> Ce que treuver n'ai peu (*pu*) et ne pui mie ;
> Et si (*pourtant*), l'ai quis à Rome, en Lombardie,
>   En l'empire d'Alemaigne,
> En Aragon, en Navarre, en Espaigne ;
> De jour en jour ne le fai que cherchier ;
> Qui le saura, pour Dieu si (*en ce cas*) le m'enseigne :
> C'est Vérité, que l'on doibt avoir chier (*chère*).
>
> On la m'a fait en la cour poursuiïr,
> En Avignon ; mais ele estoit partie :
> Là n'en pui-je nulle nouvelle oïr,
> Après, la quis en Prusse et en Russie ;
> En maint païs et en maint abbayë :
>   En Angleterre, en Behaigne (*Bohême*),
> En Languedoc, en Guienne, en Champaigne ;
> Mais, en quérant (*pendant que je cherchais*), me dit
>   [un charruier (*laboureur*).
> — ‹ Que quérez-vous ? vous perdez vostre peine. ›
> — ‹ C'est Vérité, que l'on doibt avoir chier ›.
>
> — ‹ Je ne finai [2] onques de terre ouvrir,
> Car l'on disoit qu'ele y estoit tapie.
> Pour lui (*la*) treuver ; mais je pui bien fouïr,
> Car pour certain ele s'en est partie,
> Et sai de vrai qu'ele est en ciel ravie ›.
>   De sa response me seigne (*je me signe*).
> — ‹ N'aiez paour, il n'est nul qui la preigne (*prenne*),
> Dit le vilain ; ele voult (*a voulu*) haut logier ;
> Je voi trop pou (*peu*) qui tel chose entrepreigne :
> C'est Vérité, que l'on doibt avoir chier ›.

---

[1] *Man.*, 118, col. 3.
[2] C'est le laboureur qui parle.

jamais absentes. Voici compère Isangrin : il
vient apprendre à ses dépens que

> Adonc se va le varlet *(laboureur)* estourmir *(échauffer)*,
> Qui li chevauls chaçoit *(chassait)* d'une escourgie
> *(fouet)*,
> En moi disant : — « Tu la deusses suïr
> En France droit, où ele est endormie.
> S'ele n'y est, quier-la en Picardie ;
>   De l'esveiller te souviegne ;
> Car son dormir tout le monde méhaigne *(fait souffrir)*,
> Si qu'il convient [1] tout honeur trébuchier.
> Mentir, flater faut que la dame estaigne :
> C'est Vérité, que l'on doibt avoir chier ».
>
> Or sui si las ! ne me pui soustenir,
> Sans la treuver : dont je souspire et crie,
> Et ne la voi de nulle part venir,
> Ne n'ai espoir que nuls jamais la die.
> Hélas ! véez ci piteuse maladie,
>   Dont le pauvre cuer me saigne.
> Plus ne querrai. Au vrai Dieu en conviegne *(que le
>   [vrai Dieu s'en charge)*,
> Car sans lui voi tout perdre *(périr)* et périller *(être
>   [en péril)*.
> Or n'a *(il n'y a)* nuls port : qui [2] est qui est bré-
>   [baigne *(stérile, désert, abandonné)*?
> C'est Vérité, que l'on doibt avoir chier.

ENVOI :

> Prince, aujourd'hui *(je)* voi tout anientir *(aller à néant)*,
> Le voir *(la vérité)* cesser et regner le mentir,
> Et tuit vices de pluseurs aprochier.
> Si ne vueil plus cele en terre quérir
> Qui avec Dieu se vuet en ciel tenir :
> C'est Vérité, que l'on doibt avoir chier.

---

[1] « De sorte qu'on voit partout l'honneur chanceler ».

[2] Construction analogue dans Benoît de Sainte More, R. de
Troie, v. 18020 :

> Qui est qui contre Amours est sages ?

Tuit voir (*toutes vérités*) ne sont pas bel à dire [1];

voici dom Tiercelin , le corbeau , à qui Renart laisse, au prix d'un fromage, cette moralité à méditer :

On se déçoit par légèrement croire [2];

voici le peuple souriquois bien sûr de déjouer à l'avenir les ruses de son redoutable ennemi ;

Sonnette ara au cou pendant ;

une toute petite difficulté le gêne :

Qui pendra la sonnette au chat [3] ?

Les circonstances favorisèrent l'inclination naturelle qui portait notre poète vers l'observation satirique. Livré de bonne heure à lui-même, il acquiert l'expérience que l'étude, les plaisirs, les voyages, le spectacle des troubles civils et de la guerre étrangère peuvent donner à l'homme. Viennent ensuite plusieurs années de repos, de loisirs, d'apaisement. Sa première satire dut suivre de bien près la mort du roi Charles V : à partir de ce moment, il ne désarme plus. Aussi, quel poste d'observation

[1] TARB., II, 136.
[2] CRAP., 192.
[3] CRAP., 188.

plus commode que celui où l'a placé la fortune ! quel champ d'étude plus vaste et mieux
éclairé ! La part de l'action, dans sa vie, n'est
pas assez considérable pour le gêner et le dis-
traire. Il ne figure pas au premier rang ni
même au second ; mais il ne perd pas de vue
les acteurs principaux, Hommes de guerre,
gens de robe et de finance, ministres, courtisans, seigneurs et princes, il voit défiler ceux
qui mènent la « tresche » (danse) et le train des
choses humaines. Puis la scène change ; après
la cour, les camps ; ce sont les mêmes hommes dans d'autres rôles, mais donnant prise aux
mêmes attaques. Les voilà qui s'offrent à lui,
amis et ennemis, Allemands, Anglais, Flamands ou Français, les petits à côté des grands,
les paysans près des hommes d'armes. Bientôt ses fonctions judiciaires et administratives
le mettent en relation avec de nouveaux acteurs ; ses assises aux différents siéges de son
bailliage lui sont une occasion d'étudier la société provinciale, bourgeois des bonnes villes,
gens de métiers, « femmes d'état », « femmes
du commun ». Il pénètre dans le logis bourgeois comme il a pénétré dans l'intérieur des
cours ; il connaît la rue, le « moutier » du bourg
ou de la cité comme il connaît la « chambre »

et la « salle » des princes. Du reste il écrit au
jour le jour, dans une chambre d'auberge « rhu-
matique [1] », dans la salle des assises, dans un
coin de l'hôtel Saint-Pol ; il note ses impressions
à mesure qu'elles lui viennent; ce sont en général des pièces courtes : les longs poèmes ap-
paraîtront sur le déclin de l'âge. Il ne prend
pas la plume pour imiter Machaut ou tel autre
écrivain à la mode ; il n'est d'aucune école ;
il obéit à sa conscience ou à son caprice : éloge ou blâme, exhortation ou satire, tout sort
de la même veine de franchise.

Il prend au sérieux son métier de moraliste,
et se considère volontiers comme une senti-
nelle chargée de dénoncer l'ennemi, c'est-à-dire
les vices qui détruisent toute société. Il n'est
pas homme à reculer devant le danger de ce
rôle. En vain essaie-t-on de lui faire peur de
la liberté de ses critiques. Il répond qu'il n'a
nommé personne ; ceux-là seulement peuvent
se trouver blessés qui se sentent « entéchiés »
(coupables)[1] ; c'est aux vices qu'il livre bataille :
tant pis pour les vicieux. D'ailleurs, il ne fait
que répéter tout haut ce que chacun dit tout

---

[1] *Man.*, 429.
[2] *Man.*, 115.

bas [1] : c'est l'excuse d'un hommo peu disposé à désavouer ce qu'il écrit. Aussi bien cette réputation de brusque sincérité ne saurait lui déplaire, et le nom de Diogène [2] ne l'effraie pas.

Il convient de joindre à l'éloge une restriction nécessaire : des Champs n'a pas échappé à tous les défauts de son siècle ; le plus grave est sans contredit l'absence d'élévation, de pureté morale. Ouvrez son manuscrit ; nou loin d'un pieux sirventois en l'honneur de la Vierge, vous rencontrez un badinage obscène ; à côté d'une pièce sérieuse, un conte d'une révoltante effronterie. Par là, il reste bien au-dessous de Christine de Pisan, si chaste, si contenue dans l'expression même de la tendresse passionnée, d'Alain Chartier, si réservé, si austère. Chez lui c'est la rude honnêteté, mais trop souvent aussi la crudité brutale et le rire grossier du cynique.

Admirateur fervent du passé qu'il regrette, censeur morose du présent qu'il gourmande, des Champs corrige pour nous et complète Froissart. Cette chevalerie française qui donne de si beaux coups d'épée à Crécy, à Poitiers, à Nicopolis, nous la voyons dans le désordre de

---

[1] *Man.*, 6.
[2] Tarb., II, 134.

sa vie journalière, en proie aux vices qui lui feront bientôt perdre jusqu'à sa dernière vertu, le courage. Les fêtes, les tournois, les défis, les belles apertises d'armes, tous ces dehors brillants et mensongers, ne nous font plus illusion ; nous nous sentons en face d'une société qui s'affaisse et va se dissoudre. Des Champs a reconnu et signalé le mal qui la dévore, l'égoïsme sous toutes ses formes, orgueil et cruauté des grands envers les petits, guerres folles entre les puissants, mépris universel de la justice et de la loi. Il a vu chacune des institutions qui composaient la société monarchique et féodale s'écarter de son principe : la Royauté s'est abîmée dans la folie ; l'Eglise, perdant l'esprit de charité, est devenue simoniaque ; la Noblesse, avide et turbulente, bouleverse le royaume qu'elle ne sait plus défendre ; le Peuple lui-même, atteint par la convoitise dont l'exemple lui vient de si haut, a pris en dégoût le travail et l'obéissance. Une société si malade n'est-elle pas condamnée à périr ? La France ne mourut pas de ses maux ; mais elle devait tomber au dernier degré de l'abaissement et de la honte. Le réveil du sentiment national se fit longtemps attendre, et des Champs n'eut pas la consolation d'y assister.

Il a parlé pour son siècle, qui ne l'a pas entendu ; mais les ballades nous font connaître et apprécier cet esprit modéré, judicieux, ami de la règle à une époque de dérèglement et d'anarchie, soucieux du bien public à une époque d'égoïsme profond. Elles lui assurent, dans notre histoire littéraire, une place honorable à côté de Christine de Pisan et d'Alain Chartier, qu'il dépasse peut-être en vigneur, qu'il égale certainement en patriotisme. L'idée de la patrie n'a pas cessé d'être présente au cœur et à l'esprit d'Eustache des Champs ; il a tâché d'en raviver autour de lui l'image effacée ; il a signalé les périls, dénoncé les fautes, combattu les vices qui lui paraissaient mener le royaume à sa perte ; et cette lutte, soutenue vingt ans, ne fait pas moins d'honneur à la justesse, à la netteté de ses vues qu'à sa droiture et à sa loyauté.

Vu et lu à Paris
en Sorbonne, le 26 janvier 1878
par le Doyen de la Faculté des Lettres de Paris,

H. WALLON.

Vu
et permis d'imprimer,
Le Vice-Recteur de l'Académie de Paris,

A. MOURIER.

TABLE DES MATIÈRES

Pages.

Introduction   1

Chapitre Ier. — Etat de la poésie française vers le milieu du xive siècle   7

— II. — L'éducation littéraire au xive siècle . . .   32

— III. — La jeunesse des Champs; ses premiers emplois   50

— IV. — Des Champs à la Cour de Charles V.   71

— V. — Portrait de des Champs. — Des
Champs humoriste   81

— VI. — Des Champs marié, père de famille ;
satires contre les femmes   92

— VII. — Des Champs poète galant   104

— VIII. — Minorité de Charles VI. — Les révoltes des villes. — Première campagne de Flandre. — Opinion de
des Champs sur les devoirs des sujets.   112

— IX. — Seconde et troisième campagnes de
Flandre. — Expédition de Guel-
dres. — La guerre jugée par des
Champs   122

— X. — La campagne de 1386 et la guerre
contre les Anglais. — Le sentiment
patriotique dans des Champs   133

— XI. — La Cour sous Charles VI ; des Champs
courtisan ; satires contre les gens de
cour   149

Pages.

Chapitre XII. — Des Champs Châtelain de Fismes et Bailli de Senlis 162

—   XIII. — Des Champs « ménagier » ; sa fortune, ses gages. — Satires contre les gens de finance 172

—   XIV. — Satires contre les gens d'Eglise. — Le grand schisme 191

—   XV. — La folie du roi Charles VI ; relations de des Champs avec le duc et la duchesse d'Orléans ; sa disgrâce 203

—   XVI. — Des Champs honnête homme ; sa morale, sa philosophie 222

—   XVII. — Derniers événements de la vie de des Champs 238

—   XVIII. — Dernières œuvres : « le Dict du Lyon ; le Mirouër de Mariage » 250

—   XIX. — Des Champs, poète comique 276

—   XX. — La Ballade avant des Champs 292

—   XXI. — Originalité propre de des Champs. — Conclusion 318

Versailles. — Imprimerie Cerf et Fils, 59, rue Duplessis.

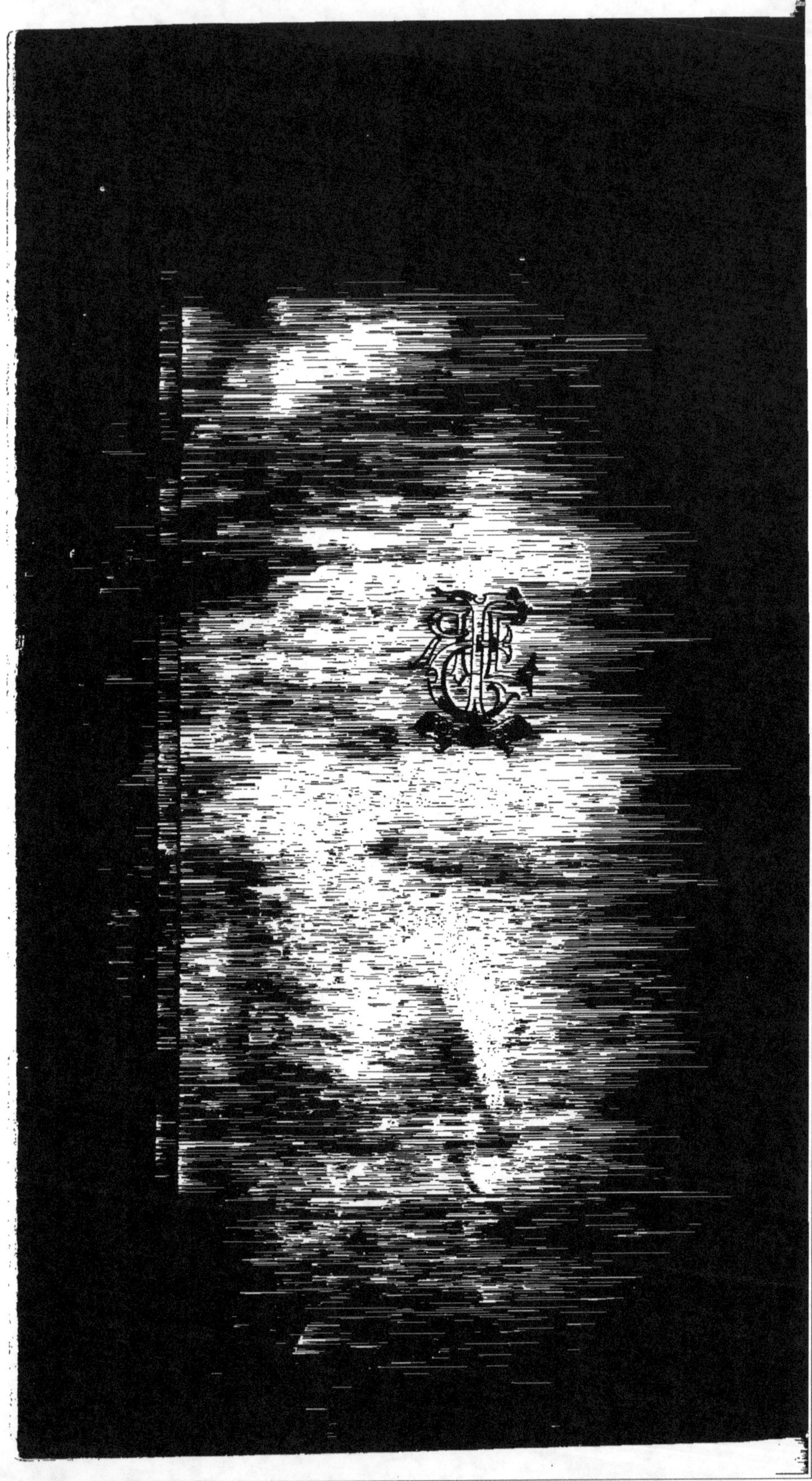